知ったかぶりキリスト教入門

イエス・聖書・教会の基本の教養99

中村圭

GS
幻冬舎新書
475

はじめに

本書は、キリスト教に関心はあるがべつに信者になりたいわけではないという方のためのガイドブックです。キリスト教の基本をカバーし、ポイントを整理し、聖書のエピソードを眺め、さらにキリスト教と西洋の歴史をざっと展望する……という欲深な企画ですが、これを必要以上にヘビーなものにしないため、項目をQアンドA形式にまとめました。

日本人の大半はクリスチャンではありません。しかし、現代日本文化は欧米の文化や社会と連動しており、その欧米社会の精神の根幹をつくっているのがキリスト教ですから、非信者といえどもキリスト教の基本的な事項を知っておく必要があります。

しかるに、宗教ガイドというのはたいてい信仰の立場から書かれているので、どうにもとっつきが悪い、と思われる方も多いでしょう。

本書は信仰の書ではありません。そもそも筆者自身、クリスチャンではありませんから。本書は「無宗教」とも「葬式仏教」とも言われる日本的精神世界の住人の立場から書かせていただきました。

クエスチョンは全部で九九個あります。では、さっそくクエスチョン1。最初ですから非常に軽い質問にしましょう。

Q1 無神論者も驚いたとき「ジーザス!」と言うのか?

漫画『聖《セイント》☆おにいさん』は外国人にもファンが多いようで、ツイッターなどでも話題になっています。それを見ていると、イエスが満員電車に呆れて「ジーザス……」と言っているシーンの画像なんかを面白がって投稿しています。

「ジーザス」というのは「イエス」の英語読みです。英字で書けばどちらもJesus。イエス自身が自分の名前を口にするのは、たしかに笑えますね。英語圏では、呆れたとき、驚いたとき、「うっそー」という感じで「ジーザス」と言います。「ジーザス」は「チクショウ」の意味にもなります。「ジーザス」「ジーザス・クライスト!」――ちょっとがっかりしたときなどは「ジー」とだけ言ったりします。「オー・マイ・ゴッド!」なんてのもありますね。「オー・マイ」だけでもいい。語尾を濁して「ゴッシュ」というのもあります。

さて、驚いたときに「ジーザス」と言うのは、ジーザス＝イエスが神様だからです。昔は邪気払いないし悪霊退散の祈りというかお呪《まじな》いの文句として神様の名前を持ち出しました。「イエス様、助け給え」ということです。あるいは災難や天変地異を前にして「神よ、なんということですか！」と嘆くこともあったでしょう。

というわけですから、キリスト教徒以外、たとえばユダヤ教徒などは言わないのではないかと思っていたら……いやいや、ユダヤ人のコメディ映画監督ウディ・アレンは、自ら主演を務める映画の中で「ジーザス！」と言っていました。

わざとかもしれませんけどね。それでも、もはや「ジーザス！」は単なる音声と化しているようです。なんせ「ジー」でもいいくらいですから。

ちなみに、昔の日本人は驚いたとき「なむさん！」などと言いました。「南無三宝《なむさんぼう》」すなわち「私は仏・法・僧の三つの宝に帰依《ナム》します」という言葉から来たものです。ブッダ（仏）とブッダの真理（法）と、ブッダの教団（僧）に対する信仰を表す言葉です。

「ジーザス！」と同じようなものですね。私は子供時代に「ドリトル先生」シリーズを読んだときにこの言い方を知りました。アフリカでドリトル先生が崖を前に進退きわまったとき、犬のジップが「南無三！」。

井伏鱒二訳ですが、なんとも古風で味がありますね。原文は「ジーザス！」かと思ったら

「ゴリー！」でした。「ゴッド」を婉曲に曖昧化した言い方です。

さて、では、無神論者もまた、驚いたときに「ジーザス」と言うのでしょうか？ ちかごろ欧米では無神論が流行《はや》っているのですが、ツイッターにも無神論者(atheist)のアカウントが多数あります。それを見ていたら、こんなツイートがありました。

無神論者も驚いたとき「ジーザス」と言う。神を信じてないのに？ さよう、無神論者は「信じられない」という意味でそう言うのである。

無神論者にとってジーザスはウソだから、「ジーザス！」＝「うっそー！」。

もちろん、これは冗談半分の説明です。

というわけで、Q1の答え、A1は「無神論者も驚いたときに『ジーザス！』と言う（らしい）」というものでした。やっぱり「ジーザス」は口癖の一種なんですね。信仰というより。

さて、Q2からが本格的なクエスチョンということになります。Q2からQ13までをイントロ・クエスチョンとして第一章にまとめ、キリスト教のイロハを整理することにしましょう。

イエス（前4〜後30年）の頃のパレスチナ

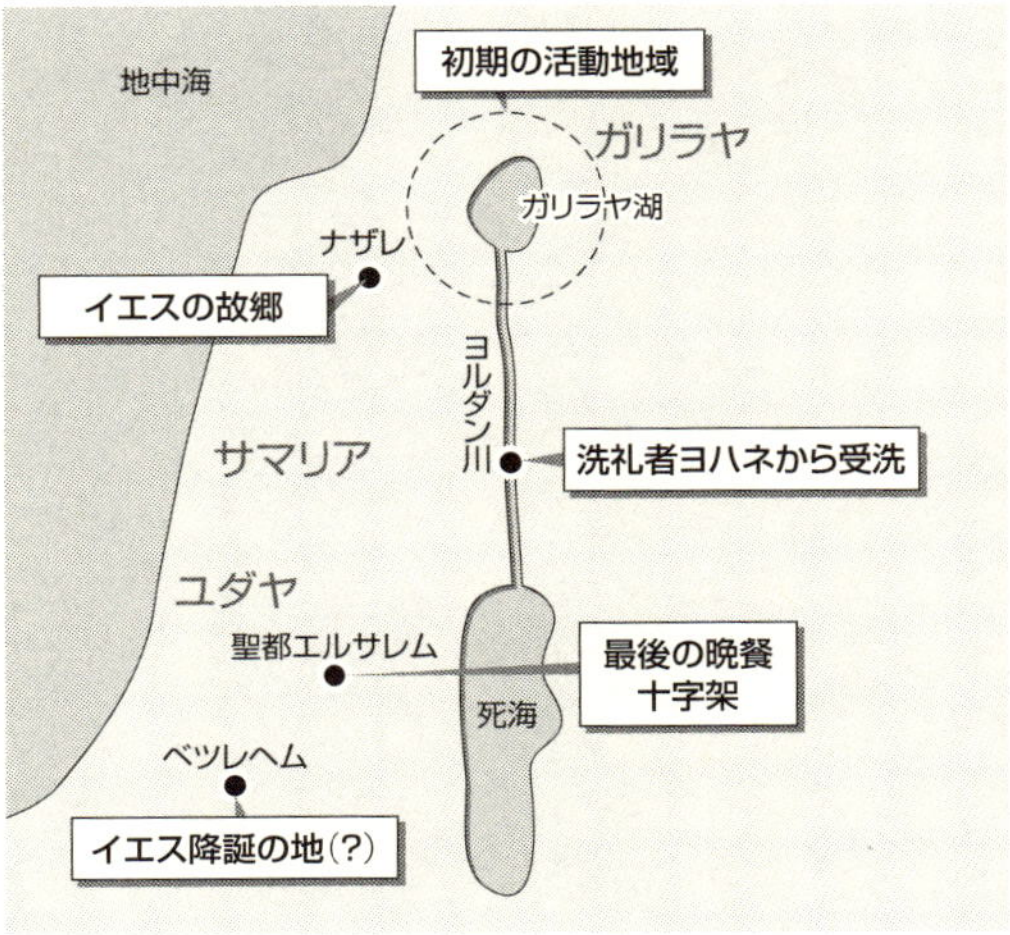

ローマ帝国

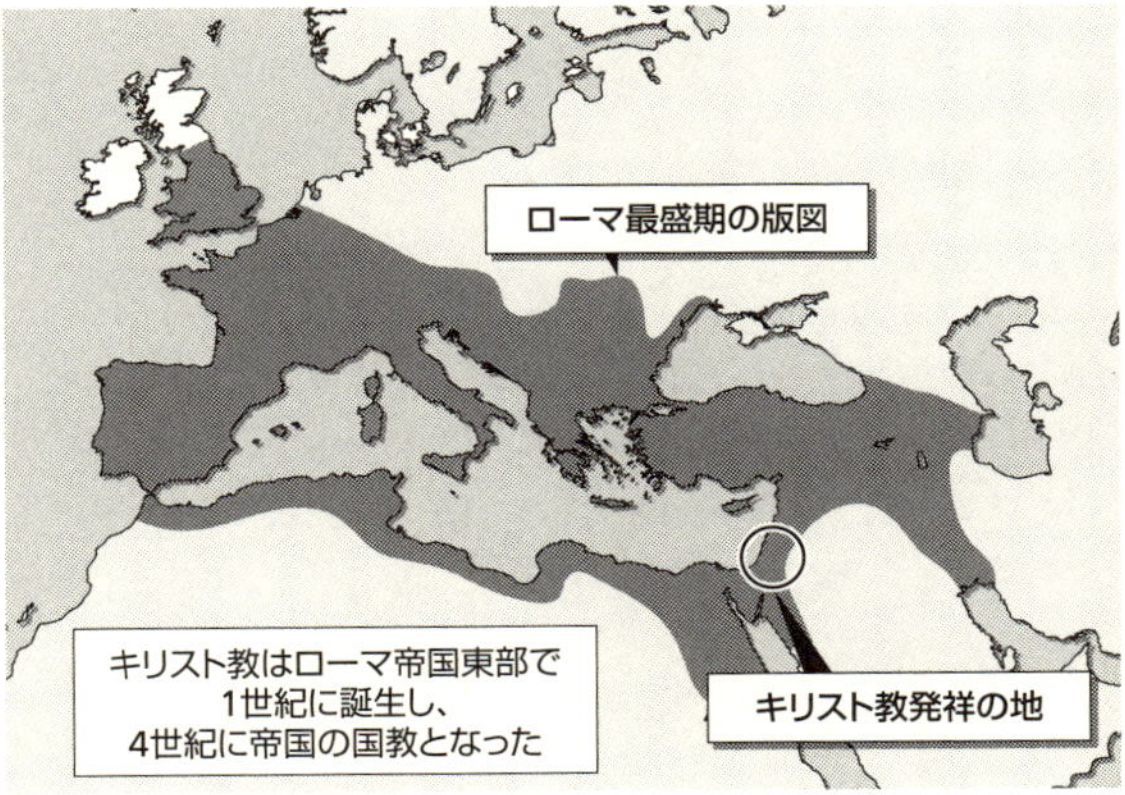

知ったかぶりキリスト教入門／目次

第二章 イエスの生涯をめぐるクエスチョン 57

DTP・図版 美創

第一章 イントロ・クエスチョン

Q2 イエス・キリストは人類を救う「救世主」なのか？

A2 キリスト教の信仰によれば、イエス・キリストは救世主です。

Q1のところで、ジーザス・クライストは神だと説明しました。

しかしこれには注釈が要ります。イエス・キリストを神として紹介する前に、まず、「救世主」として紹介しなければなりません。肩書がいっぱいあってややこしいのです。

これは「話せば長くなる」ような話なのですが、ものすごく簡略化して説明しましょう。

そもそもキリスト教はユダヤ教から派生した宗教です。ユダヤ教↓キリスト教です。逆じゃありません。

ユダヤ教自体は紀元前からある宗教なのですが、今から二千年前、ユダヤ教の活動家であるイエスという人物を救世主と信じる人々が、新たな宗派をつくりました。その宗派が独立した宗教となったのがキリスト教です。

ちなみに、救世主のことをユダヤ教ではヘブライ語でメシアと呼びます。キリスト教ではこれをギリシャ語に直してキリスト（正確な発音はクリストス）と呼びます。

ユダヤ教とキリスト教の関係

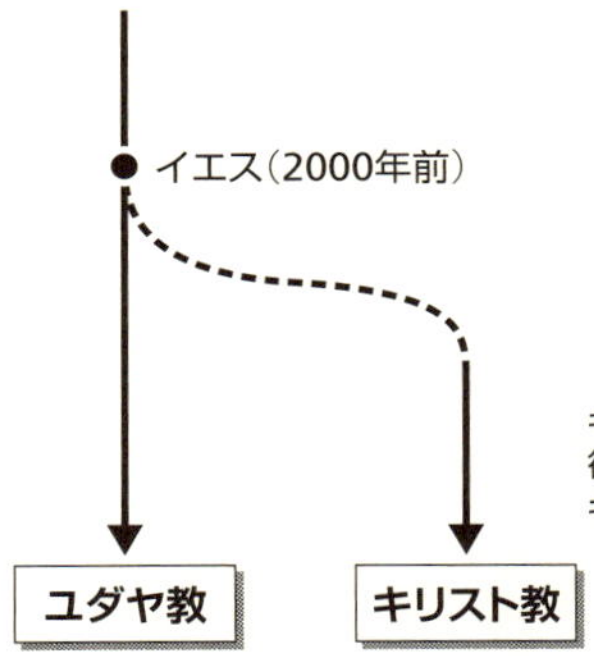
キリスト教徒はイエスを待望の救世主(メシア＝キリスト)だと考えた。

イエス・キリストというのは「個人名＋姓」ではないんですね。「救世主イエス」くらいの意味です。

☑救世主＝メシア＝キリスト＝(キリスト教徒にとって)イエス

誕生年となる「西暦」の計算違い

イエスは個人名です。地元の呼び方ではイェシュのような発音だったらしいのですが、これもギリシャ語に直してイエス（正確な発音はイエースース）と呼ぶことになりました。

イエスだけでは他の人とまぎらわしいので「ナザレのイエス」のようにも呼ばれます。ナザレはイエスの故郷の町です。今日でも、イスラエル国の北部にナザレ市があります。

イエスは紀元前四年に生まれ、紀元後三〇年に死んだと推定されています。「西暦」というのはイエスの誕生年を元年として中世に定められた暦ですが、なんせ昔のことだから計算違いがありまして、四年ズレています。

このイエスはやがて「救世主」であるばかりでなく、「神」だと解釈されるようになりました。ややこしいですね。これについて、次のQ3で説明しましょう。

Q3 三位一体とは何か?

A3 「神」は唯一であり、かつ「父」「子」「聖霊」の三つでもある、という教理です。キリスト教独自の「神」の捉え方です。「子」はイエス・キリストを意味します。

Q2で説明したように、キリスト教はユダヤ教から派生した宗教です。

ユダヤ教では神を信じます。これは宇宙に一人しかいないとされる唯一絶対の神様です。この神が天地を創造したとされます。

では、ユダヤ人はこの唯一の神しか信じていなかったのかというと、さにあらず、天使やサタン(悪魔)の存在も信じていましたし、将来メシア(救世主)が訪れて世を救うだろうということも信じていました。しかし、天使にせよメシアにせよ、神より格下の存在であり、神とは呼ばれません。

そんな中、ユダヤ教の一派として登場した元祖クリスチャンたちは、自分たちの信じるイエスこそが待望のメシア(＝キリスト)であると考えました。

救世主イエスは十字架にかけられて死んでしまいます。イエスの死後、信者たちは聖霊からインスピレーションを受けるようになりました。

というわけで、クリスチャンには信じるべき霊的存在が三つあることになりました。

ユダヤ教伝来の神、イエスがそうであろうとされるメシア＝キリスト、イエス亡きあとの聖霊、の三つです。

ユダヤ教伝来の神は「父」、救世主イエスは「子」とも言われます。

整理しますと、

☑父……ユダヤ教の唯一神に由来する存在
☑子……メシア(＝キリスト)とされたイエスのこと
☑聖霊……信者に働きかける霊

初期のクリスチャンは、この三つを大事に拝んでいたのです。

なんだか神様がお三方いるみたいですね。

さて、ここで、論争が沸き起こりました。いったい父と子と聖霊の三つは互いにどんな関係にあるのか？

父だけを神様と考えて、子と聖霊は父から遣わされた一級下のサービスエージェントと考えれば、たぶん一番簡単だったでしょう。

しかし、そもそもイエスを命にかえて必死で信仰していたクリスチャンにとって、子イエスというのはそんな軽い存在ではありませんでした。

どうしてもイエスを神にしなければならない。しかし、神は唯一でなければならない。というわけで、キリスト教会の神学者たちは会議を開いて、「父と子と聖霊は三つにして一つ、一つにして三つだ」と決めてしまいました。そして「みんな等しく神である」ということになったのです。

三体の神ではありません。一体の神なのだが、キャラ的には三つあるとされたのです。

これを「三位一体」と言います。日本の政治家が「三位一体の政治改革」などと言いますが、この言葉はキリスト教神学からの借り物です。

☑三位一体の神……父／子（＝イエス）／聖霊

一神教の建前を守る超論理

どうですか？　かなりややこしいでしょう。

クリスチャンは宇宙に唯一の神を信じているという建前ですが、その唯一の神が歴史的事情によって三つのキャラに割れている。じゃあ三神教なのかと言えば、どうも多神教になるのは抵抗があるらしく、一神教の建前を貫いています。

このロジックはすっきりしたものではないので、理屈で追究せず何も考えずにまるごと信じる約束になっています。このあたり、納得のいかない宗派もあったようですが、そういうのは異端にされてしまいました。

佐藤優《まさる》氏の曰く、「イエス・キリストが、人間なのか神なのかもよくわからない。……教義の根本のところが、ものすごくいいかげんなんですよ」（出口治明氏との対談。http://wedge.ismedia.jp/articles/-/10226）。さすが、歯切れのいい断言です。

この究極の奥義として意味不明の教理があるところが、キリスト教の凄みというか面白みなわけです。これがキリスト教文明の危なっかしさというかパワーの源泉かもしれません。

日常の体験から考えてみても、割り切れている、合理的だというのは、案外、生命力がないものです。１＋１＝２。ただそれだけというのは。

しかし3＝1と出てこられると、これはもう超論理です。そこに生命力が宿る。生命力増進を狙って三位一体説を採用したわけではないでしょうが、結果的にこの神秘性がキリスト教のエネルギー源になっています。

キリスト教の神はかなりこんぐらがった神なのだということをお分かりいただけたでしょうか。

Q4 イスラム教とは親戚関係？

A4 ユダヤ教、キリスト教、イスラム教は広い意味で親戚だと言えます。

さて、Q2とQ3のところで説明したように、ユダヤ教とキリスト教は親戚関係にあります。親子関係とでも言うべきかな。どちらも唯一神を信じる一神教です。

ユダヤ教徒は現在世界全体で一五〇〇万人ほど。キリスト教徒は少なく見積もっても二〇億人ほどです。

ユダヤ教徒はそのままストレートにユダヤ人とも言います。

イエスはユダヤ人であったわけです。

ユダヤ人は少数派ですが、近現代には極めて優秀な人材が輩出しました。物理学者のアルベルト・アインシュタイン、哲学者のルートヴィヒ・ウィトゲンシュタイン、経済学者のカール・マルクス、精神分析家のジークムント・フロイト、映画監督のスティーヴン・スピルバーグ、歌手のボブ・ディラン……。

これだけじゃありません。まだまだいます。いずれも大物揃いです。ユダヤ教徒は少数派としていじめられたり色々とつらい思いをしてきたので、かえって知的に研ぎ澄まされる結果となったのかもしれません。

さて、一神教はユダヤ教とキリスト教だけではありません。この二つの宗教の影響を受けて生まれた大宗教があります。イスラム教です。

派生の順番と時期を整理しておきましょう。

☑ユダヤ教………紀元前から
☑キリスト教……一世紀から（ユダヤ教から派生）
☑イスラム教……七世紀から（両宗教の影響下に誕生）

この三つの宗教が一神教だというのは、天地創造神である唯一神なる存在を信じているからです。

信者たちはいずれも信仰対象を「神」（英語でゴッド、フランス語でデュー、スペイン語でディオス、アラビア語でアッラー）と呼んでいますが、その神は八百万《やおよろず》の神の一人ではなくて、天地創造の唯一神なのです。

神道や仏教とは異なる一神教の世界観

ちなみに神道は多神教です。無数のカミガミがいますが、いずれも天地創造神や唯一神などとは思われていません。そもそも神道では天地は創造されるものではなく、自ずから生成するものです。世界観が違うんですね。

この生成のパワーを産霊《むすび》と呼びます。アニメ『君の名は。』に出てきたムスビです。

仏教のブッダもまた天地創造神ではありません。仏教では天地は創造されるものではなく、永遠に存在しているものです。やっぱり世界観が違う。その永遠の存在の中に真理が内蔵されており、その真理を体現して時折宇宙に出現するのが、釈迦牟尼仏とか阿弥陀仏とか呼ばれるブッダたちです。

天地創造の唯一神なるものを重宝する世界観をもっているのは一神教だけです。そして一神教の代表は、ユダヤ教、キリスト教、イスラム教の三つです。

預言者ムハンマド

イスラム教を開いた預言者ムハンマドは、アラビア半島のメッカの交易商人でしたが、アラビア半島にはユダヤ教徒もキリスト教徒もいたので、彼らと交わり、一神教のことを聞いていました。

そんなある日、その一神教の唯一神（アラビア語でアッラー）から啓示がくだり、新しい共同体のリーダーとして活躍するようになった。そのようにして誕生したのがイスラム教です。

論理的には、ユダヤ教徒とキリスト教徒とイスラム教徒は同一の神を信じていることになります。唯一なんですから、どうしても同一ということになります。

同じ神様を違った観点で拝んでいるということです。

ちなみに、イスラム教では、ユダヤ教徒やキリスト教徒に改宗を求めることは原則としてありません。そのまま認めちゃっています。しかしそれでも、キリスト教の「三位一体」説には抵抗を感じているようです。やっぱり不合理なんじゃないかと。

Q5 イエスの生涯を八倍速で解説すると?

A5 処女から生まれ、福音を説き、奇跡を行ない、最後の晩餐をとり、裏切られ、十字架上に死に、復活した……と信じられています。

Q2のところで解説したように、歴史学者の推定では、イエスは紀元前四年頃に生まれ、紀元後三〇年頃に十字架刑で死んでいます。若死にです。

イエスの生涯については第二章で詳しく取り上げますので、ここでは簡単に要点だけを記しましょう。

クリスチャンが信じているイエスの生涯の要点は、次のようなものです。誕生から死・死後まで、時系列に並べてあります。

☑イエスは処女マリアから「神の子」として生まれた。
☑イエスは人々に「福音」を説いた。
☑イエスは奇跡を行ない、人々の病気を癒した。
☑イエスは一二人の弟子たちと「最後の晩餐」をとった。

☑イエスは弟子のユダに裏切られて、腐敗した祭司たちに売られた。
☑イエスは人類の罪を背負って十字架上に死んだ。
☑イエスは死後に甦り、人類の恵みと裁きの源泉となった。

すごいですね。処女から生まれ、奇跡を行ない、死んで復活した。ファンタジックな英雄の生涯です。

常識的に考えれば、処女からの誕生も、数々の奇跡も、死後の復活も、すべて「神話」です。しかし、これを「神話」ではなく「歴史的事実」と考えるのが、伝統的なクリスチャンの受け取り方でした。

現代では、これらの奇跡を文字通りに信じていないクリスチャンも多いはずです。とくにリベラルな知識人はそうでしょう。

しかし、これを「真実だ」と頑固に言い張る保守的信徒も大勢います。なにせ大昔の話ですので、どのみち検証のしようもなく、議論を始めても水掛け論です。

大多数の信者にとっては、「難しいことは分からないが、神父様（牧師様）がそう言うんだから事実なんだろう」「昔からそう言われているんだから、信じておけばいいのだ」という感じかもしれません。

宗教というのは通常そのようなものです。

Q6 福音とはどういう意味か?

A6 福音の直接の意味は「良い知らせ」です。イエスのメッセージやイエスの出現そのものが良い知らせだったというのです。なお、イエスの生涯について記した本を福音書と呼びます。

「福音」は中国語で、意味は「良い知らせ」です。グッド・ニュース。これはイエスの教えやイエスの到来自体について言われる言葉です。英語でゴスペルとかエヴァンジェルと言います(これらの言葉の意味もグッド・ニュースです)。

イエスが告げた良い知らせというのは、「神の国」が近づいた、到来しつつある、ということです。この「神の国」はどのようにも解釈できます。もうすぐ天国のようなユートピアの時代が来るというふうにも理解できますし、何かもっと霊的な、心の中の悟りのようなものを指しているとも理解できます。

時代により、宗派により、思想家個人により、解釈はさまざまです。

ユートピアの到来ということでは、イエスは弟子たちから救世主（メシア＝キリスト）だと理解されていましたので、イエスの到来自体がグッド・ニュースだと言うことができます。

この救世主は、聖書の記すところでは、無数の病人を癒し、ときには死人まで甦らせ、わずかなパンを手品のように増殖させて数千人の群衆に与えるといった奇跡を演じてみせました。

この救世主は倫理的な説教もしています。その教えの要諦は「愛」だとされています。隣人愛です。隣の人だけを愛すればいいというのではなく、誰であれ、人間みんなに親切にすることです。

確かにキリスト教徒はこの隣人愛を理想として色々いいことをやってきました。あれこれの福祉活動やチャリティです（逆に十字軍とか魔女狩りとか植民地支配の正当化とかロクでもないこともいっぱいやってきましたが）。

Q7　なぜクリスチャンは十字架を拝むのか？

A7　イエスは十字架で刑死しました。クリスチャンはこの死に深い意味を見出し、それを教義としているので、十字架を礼拝するのです。

「反逆者」として死んだイエス

釈迦も孔子もムハンマドも天寿をまっとうしていますが、イエスは官憲にとっつかまり、一種の冤罪で刑死しています。キリスト教は刑死者を神と拝するというきわめて特異な宗教だと言えます。

イエスはおおよそ紀元一世紀のパレスチナ地域に住んでいたユダヤ人です。今日、パレスチナ地域にはイスラエル国というユダヤ人主体の国家がありますが、今から二千年前にも、同じ地域に大勢のユダヤ人が住んでいました（7ページの地図参照）。

このユダヤ人たちは完全な自治権を有していたわけではありません。この時代、地中海沿岸地域はみな直接間接にローマ市の支配下に置かれていました。いわゆるローマ帝国です。ですから、イエスを含めたユダヤ人たちも、ユダヤ人内部の指導層と帝国のローマ軍とから二重の支配を受けていました。この両者は手を結んでいました。

さて、十字架刑というのは、ローマ帝国における反逆者に対する死刑の手法です。イエスはローマへの政治的反逆者として殺されたのです。イエスの活動は、ユダヤ民族の独立運動だと解釈され、アブナイ存在として処刑されたもののようです。

大祓で解釈するキリストの犠牲

しかし、キリスト教では、イエスの処刑をそんな政治的な次元の問題として理解していません。

それは霊的な次元のドラマだったとされているのです。

すなわち……

イエスは最初から神であった。彼は「神の子」ないし「救世主」として地上に現れた。その目的は、人類の罪を清算するためである。イエスは自ら進んで人類の罪を肩に背負い、十字架の犠牲死を遂げることで、罪をチャラにした。

だから人類はイエスに感謝して、イエスに忠実であるべきである。この忠実性を「信仰」と呼ぶのである……。

罪を背負った神の犠牲というのは奇妙なロジックですが、しかし、一般の日本人にもぜんぜん類推のつかないものではありません。

たとえば、神社では、六月と一二月に大祓《おおはらえ》の行事を行ないます。神社からもらった紙の人形《ひとがた》にあなたの罪や穢《けが》れを移して、神社に預けますと、神主さんが焼いてくれます。

人形は人々の罪を背負って死んでくれたのです。おかげで罪も穢れも祓《はら》われる、という次第。

世界中に「犠牲」の信仰があります。ユダヤ教では羊を焼いて罪をお祓いしました。この羊のかわりにキリストが死んでくれたと考えてみてください。

通例イエスは十字架でシンボライズされますが、羊の絵もまた昔からキリストの象徴として使われてきました。

神道やユダヤ教とキリスト教の大きな違いは、神道やユダヤ教ではお祓いは幾度も繰り返されます。毎年、あるいは半年ごとに大きなお祓いをやる。

しかし、キリスト教では、今から二千年前に、キリストが一回だけ身をもって犠牲になってくれることで、お祓いの問題を一挙に片づけてしまいました。

だから、クリスチャンはお祓いは原則として行なわない。かわりにキリストの「信仰」を強調するのです。

『風の谷のナウシカ』に見る犠牲と復活

犠牲というのは、非常に含蓄の深い概念です。

現実世界でも、社会的英雄が犠牲死を遂げることがあります。レスキュー隊とかそういうのもありますが、社会運動家などの場合もあります。

インドを英国の支配から解放したマハトマ・ガンジーは非暴力闘争を続けました。イエスの愛の教えみたいなものです。ガンジーは過激派により暗殺されました。

その後「ガンジー死すとも理想は死せず」という次第で、一九六〇年代にアメリカで黒人解放運動を指導したマーティン・ルーサー・キング・ジュニア牧師がやはり非暴力闘争を行なっています。彼もまた凶弾に斃《たお》れています。

そんな具合にして、人々の罪を背負う↓犠牲死↓理想の復活、というパターンが受け継がれています。

そうした犠牲と死と復活のパターンの歴史的「元祖」の位置にイエスが来るわけです。

ファンタジーの世界もまた、キリスト教をまねして犠牲と復活のモチーフをたくさん描いていますが、中でも秀逸なのは宮崎駿監督のアニメ『風の谷のナウシカ』でした。

これまた、戦争とか自然破壊とか、人々の罪を一身に背負って、ナウシカが自然神である王蟲《オーム》の前に身を差し出します。ナウシカはいったん死に（犠牲死）、その後に、ああら不思議、復活しました。

実は宮崎さん、最初はナウシカを死にっぱなしにしたのですが、どうも後味が悪いということで、復活シーンを付け加えたのだそうです。

かくして奇《く》しくもキリストのドラマに似たようなものが生まれ、ナウシカの復活を見た観客も涙がホーハイと出て止まらなかったと言われます。

人間の発想パターンはどこでもいっしょなんですね。

Q8 聖書と福音書はどう違う?

A8 聖書の一部が新約聖書、新約聖書の一部が福音書です。福音書はイエスの伝記です。

ユダヤ教とキリスト教の教典のことを聖書と呼びます。

ちなみに仏教の教典は「お経」です（仏典とも言います）。イスラム教の教典はコーランです。

聖書と呼ばれる本はたくさんの文書を足し合わせてつくった合本です。今日、聖書はポケット版六法全書くらいの大きさで売っていますが、小さな字で印刷してあり、紙も辞書並みに薄いですから、文字数、ページ数ではかなりの分量です。

たくさんの文書の合本である聖書は二部構成になっており、前半を旧約聖書、後半を新約聖書と言います。

ユダヤ教は旧約聖書だけを教典としています。というか、ユダヤ教典のことを通称で「旧約

聖書

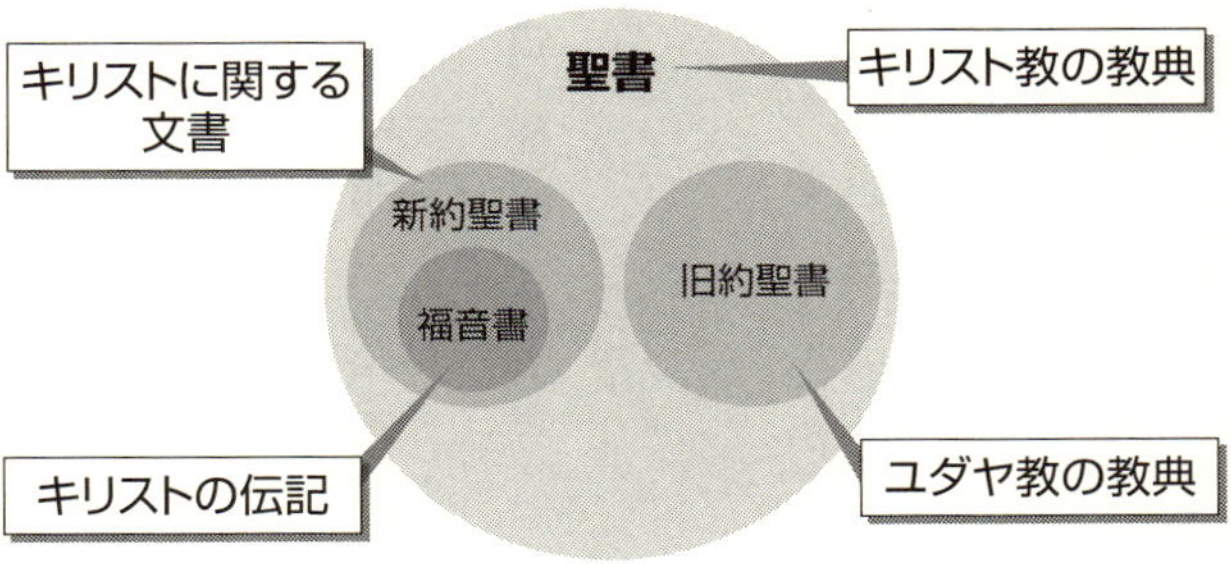

聖書」と呼んでいるのです。

キリスト教ではこれに新約聖書を加え、旧約と新約を合わせて「聖書」Bibleとして自分たちの宗教の教典としています。

☑ユダヤ教典……旧約聖書
☑キリスト教典……旧約聖書＋新約聖書
☑イスラム教典……コーラン

旧約聖書には四〇書近くが収められていますが、一番有名なのは『創世記』ですね。天地創造神話や、アダムとエバ（イヴ）が楽園エデンを追われた話、ノアの洪水伝説などが記載されています。

新約聖書には二七書が収められています。いずれもキリストに関する文書です。

その冒頭に置かれているのが四種の福音書です。『マタイによる福音書』『マルコによる福音書』『ルカによる福音書』『ヨハネによる福音書』という四つです。

福音書というのは、イエスの福音の書ということで、簡単に言えばイエスの伝記です。

Q9 宗派はいくつあるのか?

A9 無数です。大きくは中東系、正教、カトリック、プロテスタントの四派に分かれます。

仏教にはさまざまな宗派があります。浄土宗とか曹洞宗とか日蓮宗とか……。東南アジアに行くとまた違った仏教が信仰されています(テーラワーダ仏教と呼ばれています)。チベットの仏教もまた日本とは様子が違っています(チベット仏教に一番近い日本の宗派は真言宗です)。

イスラム教というと、スンナ派(スンニー派)とシーア派の争いなんかがニュース沙汰になっていますね。スンナ派は大宗派ですが、四つの大きな法学派に分かれています。シーア派にはさらに細かい分派があり、かなりややこしくなっています。

キリスト教もまた大宗教ですから、当然、宗派がたくさん分かれています。神様の真理は一つのはずなんだけれども、信じている人間のほうは地域差や文化差があって多様なものですから、どうしても宗派が分かれていくのです。

カトリックとプロテスタントだけじゃない

キリスト教の宗派（教派）というと、日本人が思いつくのは、カトリックとプロテスタントの二つでしょう。昔はカトリックを旧教、プロテスタントを新教などとも呼びました。新旧の二つだけだと覚えやすいんですが、実際はもっと複雑です。

たとえばヨーロッパで言いますと、イタリアやスペインやフランスはカトリックの国です。英国や北欧はプロテスタントの国です。ドイツは半々といった感じ。

では、ギリシャは？　こちらはカトリックでもプロテスタントでもなく、正教会（オーソドックス）と言います。ロシアもまた正教会です。東方にあるので東方正教会とも言います。ですから、ヨーロッパだけでもカトリック、プロテスタント、東方正教会の三種の違いを覚えておく必要があります。

中東の諸教会はまた、ヨーロッパとはちょっと違う伝統に属していますので、四枠を立てておくのがいいでしょう。

それぞれの枠に入る教会や地域は次の通りです。

☑中東系の諸教会……コプト教会（エジプト）、エチオピア教会、アルメニア教会、シリア教会、東シリア教会
☑東方正教会……ギリシャ、セルビア、ロシアなど東欧の諸教会
☑ローマカトリック教会……単一組織（南欧、中南米に多い）
☑プロテスタント諸教派……ルーテル教会、改革派、英国国教会、会衆派、メソジスト、バプテスト、メノナイト、クエーカー、ブレザレン、アドヴェント教会など

宗派（教派）の増殖

ローマカトリック教会は教皇（ローマ法王）をトップとする単一の巨大組織です。世界最大の宗教団体と言っていいでしょう。しかもカトリックはバチカン市国という国家までもっています。宗教団体が国家をつくっているというのは、かなり特異ですね。

さて、プロテスタントの諸教派は、ここに挙げただけに留まりません。プロテスタントは近代になってから始まった宗派で、とくにイギリスとアメリカで増殖を続けており、そのまま「新宗教」のカテゴリーに流れ込んでいます。

たとえばモルモン教ですが、「末日聖徒イエス・キリスト教会」が正式名ですから、キリス

ト教の一派なのですが、聖書以外に「モルモン書」という教典をもつなど、色々異色な点が多いので、キリスト教とは別宗教と見る人も多いという状況です。

エホバの証人も同様です。これは世界の終末を説く教団ですが、キリスト教一般とは聖書の使い方も教えの解釈も行事も布教活動も非常に異なっていますので、一般の教会からはやはり独立の宗教の扱いをされています。

そういった「新宗教」系ではなく、従来通りのキリスト教の枠におさまっている教会でも、宗教団体として認知されている教会の単位は非常に細かく分かれています。

というわけで、Q9の「宗派はいくつあるのか？」に対する答えは「無数です」ということになります。

概ね、中東系、東方正教会は保守的です。カトリックは保守的だったのですが戦後どんどんリベラルになってきています。プロテスタントの諸教派は、カトリック教会の権威にプロテストして誕生したさまざまな教派の寄せ集めですので、超リベラルから超保守まで、教派ごと、教会ごと、牧師ごとに色彩が違っているようです。

なお、教会の指導者の呼び名ですが、プロテスタント以外は司祭（通称は「神父」）が普通で、プロテスタントは牧師が普通です。

まんべんなくそろった日本

日本では、戦国時代にカトリックの布教がありましたが（いわゆるキリシタン）、弾圧されてほぼ滅んでしまいました。明治になりキリスト教の布教が再開されます。

日本のキリスト教徒は概ね百万人といったあたりで推移しています。あんまり増えなかった。半分はカトリック、半分はプロテスタントです。明治期には正教会（ハリストス正教会）も布教で成果を上げていたのですが、ロシア革命があったりしたので、信者数は頭打ちになりました。「日本基督教団」はプロテスタントのいくつかの教派が集まってつくった団体です。

Q10 どんな行事があるのか？

A10 洗礼と聖餐、クリスマスと復活祭が大事です。

キリスト教もイスラム教も神を信仰する宗教です。イスラム教の場合、信者のお勤めの第一は日に五回の礼拝ということになっています。モスクに行ってやってもいいし、自分の家でやってもいい。職場やホテルのロビーや空港や路上でやってもいい。

キリスト教の場合、日々祈るのが推奨されていますが、行事としては、一週間に一回、日曜日に教会に行って行なう聖餐式／ミサ／聖体礼儀が最も大事なお勤めということになります。

聖餐式はプロテスタント、ミサはカトリック、聖体礼儀は正教会の呼び名です。それぞれ、やり方と解釈に違いがあるようです。

これは基本的に、二千年前の開祖、イエス・キリストを記念する行事です。パン（実際にはウェハースのような形をしていることが多い）とワイン（省略も可能）をキリストの肉と血と思ってみなで食するという行事なのですが、話だけ聞きますと、原始時代の食人儀礼を思わせますね。でなきゃ、ドラキュラか。

かなり不思議な行事ですが、その意味合いについては、第二章のQ26で掘り下げることにします。

さて、この聖餐式／ミサ／聖体礼儀と並んで大事なのは、入信の儀礼、洗礼式です。よく知られているように、キリスト教では洗礼を受けて、信者になります。洗礼というのは水をかける行事ですが、実際には頭にちょろちょろとかけるだけというところが多いようです。しかし、全身をどぶんと水につける教会もあります。

神道の禊《みそぎ》に似ていますが、キリスト教の場合は入信のシンボルですので、一生に一回しか行いません。

なお、ほとんどのクリスチャンは生まれたときからクリスチャンです。この場合、幼児洗礼ということになります。赤ん坊を教会に連れていき、神父さんが水を垂らす。自覚的な入信ではありませんが、意味合いは同じだとされます。

プロテスタントですと主な儀礼はこの二つということになりますが、カトリックなどでは洗礼とミサを含めて七つの「秘跡（サクラメント）」を行ないます。

洗礼とミサの他は、堅信（信仰の確認）、告解（罪の告白、懺悔）、叙階（神父などの職への任命）、結婚式、そして病者や臨終の人への癒しの儀礼です。

日本人にとって珍しいのは、告解でしょう。教会堂に電話ボックスのような小部屋があって、そこで窓越しに隣室の神父さんに罪を告白します。細かい小説的描写は不要で、罪を犯したことを告白するだけでも十分なのだとか。

こういう伝統があるためか、もともと欧米人が告白好きなのか、アメリカなどでは精神分析医にかかってカウチに寝そべって家族のトラブルだの不倫だの秘めたる欲望だのを告白するなんて不思議なことをやるためにお金を払う人が大勢います。日本では精神分析というのはどうも流行《はや》らないみたいですが。

クリスマスと復活祭

キリスト教には年中行事もあります。イスラム教ですとラマダーン月の断食《だんじき》と巡礼月のメッカ巡礼が有名ですが、キリスト教の場合は、クリスマスと復活祭ですね。

クリスマスは一二月二五日の、イエス・キリストの生誕を記念する行事です。しかし、これは最初からあった行事ではなく、ローマ帝国内にキリスト教が広がっていったとき、当時流行していたミトラス教の行事の裏番組として始めたものだと言われています。

つまり、ミトラス教では太陽神の誕生日として冬至（ローマ暦一二月二五日）をお祝いしていたので、クリスチャンたちは「キリストこそがまことのお天道様」との趣旨で行事をパクったのです。

というわけで、一二月二五日というのは、イエスの実際の誕生日とは関係がありません。実際の誕生日がいつなのかは不明です。

昔の有名人は、死んだ日は分かっても生まれた日が分からないことが多い。だってそうでしょう。有名人が死ねば周囲に社会的影響を及ぼしますから、誰かが記録します。しかし赤ん坊の誕生のことなど世間にとってはどうでもいいことです（その子が将来有名人になるなんて誰に分かるでしょう）。

では、キリストが死んだ日のほうはどうでしょうか。

キリスト教では十字架上の死は三日後の復活をもって完成すると見ていますので、この復活の日を記念することになります。それを何月何日と特定してしまえばいいと思われるかもしれませんが、古来、「春分後の最初の満月の次の日曜日」ということになっています。（なんでこうなるのかというと、キリストは過越祭《すぎこしのまつり》というユダヤ教の大事なお祭りの期間に死んでおり、この意味合いを無視するわけにいかないのですが、ユダヤ暦は太陰暦なので、太陽暦との間に調整が必要となるからです）

ブラジルでは復活祭の四〇日前くらいのところでカーニバルをやりますが、これもまた毎年期間がズレていることにお気づきでしょうか。

実はキリスト教最大の年中行事はクリスマスではなく、復活祭です。しかし、復活祭がいったいいつなのか、世間では知られていません。日付が年によって移動してしまうので、非信者には把握しにくいんですね。

また、クリスマスは本来のお祭りではないこともあって、非信者がクリスマスツリーとサンタさんを祭り上げたとしてもクリスチャンとしても別に平気だが、復活祭のほうは神聖な儀式として保っておきたいということもあるかもしれません。

Q11 信者は何人いるのか?

世界の四大宗教分布図

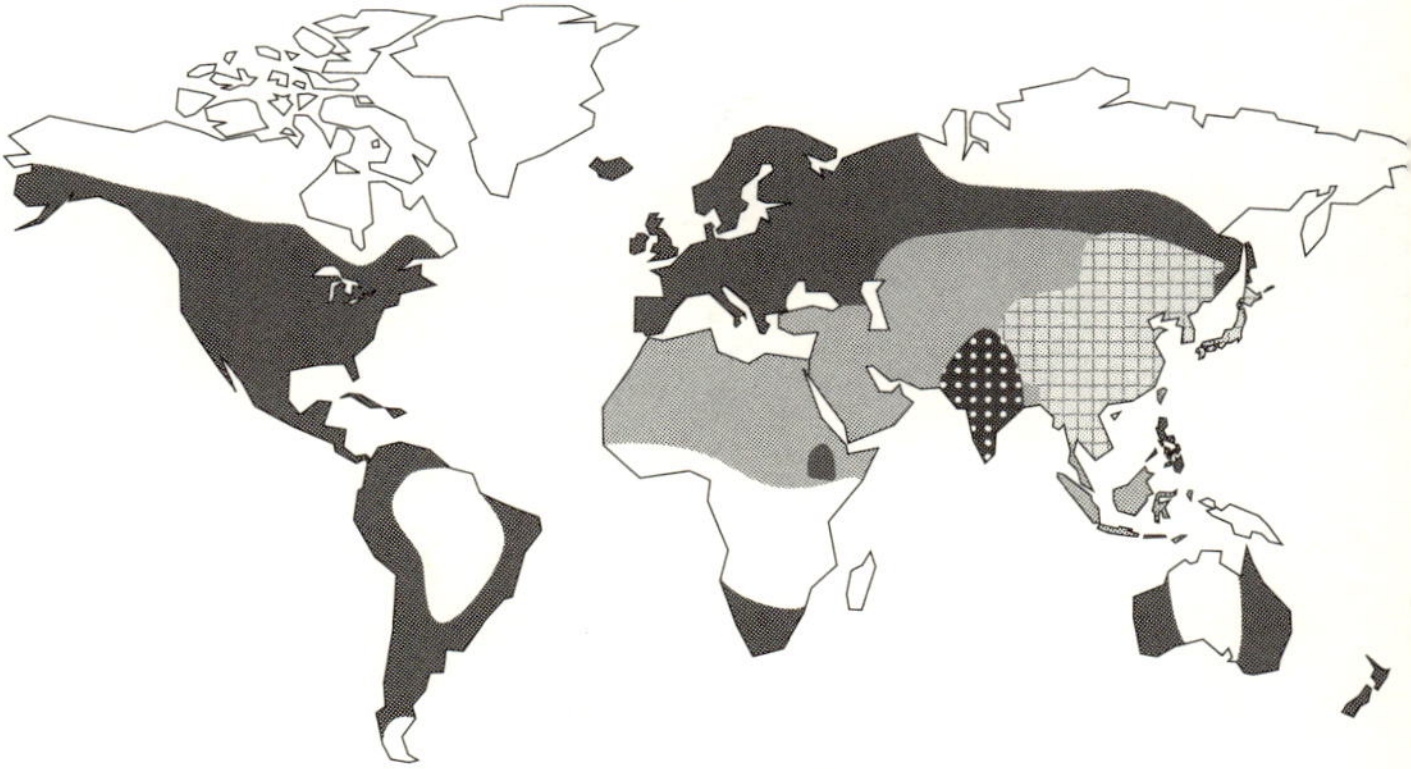

A11 公的には二二億人とされています。信者といっても色々でしょうが。

世界の非常に多くの人々を信者として取り込み、また歴史的に多大な影響力をもってきた宗教は四つあります。

ヨーロッパとアメリカ両大陸に地歩を占めているのはキリスト教、北アフリカ・中東から東南アジアの一部に広がっているのはイスラム教、インド半島に広がっているのはヒンドゥー教、中国・日本からタイのあたりまで広がっているのは仏教です（中国や日本では儒教、道教、神道という宗教も並行して信仰されています）。

信者数は、統計上は次のようになっています。

キリスト教徒は二二億人、イスラム教徒は一四億人、ヒンドゥー教徒は九億人、仏教・儒教・道教などの信者はあわせて八億人ほど。

キリスト教やイスラム教の信者数が多いのは、「私はクリスチャンです」「私はムスリム（イスラム教徒）です」と認識しやすいことも理由の一つかと思われます。実際にはそれほど信仰していなくても、形式上自分は○○教徒だと割り切ることができます。

しかし、たとえば日本人の場合、仏教も神道も民間信仰も混在している中で、宗教的アイデンティティが曖昧です。そこで「無宗教」などと答えがちになっています。実際には仏教と神道と民間信仰が入り交じった形で霊魂などを信じていたとしてもです。

いずれにせよ、宗教の信じ方というのは、宗教によって、文化によって、地域によって、個人によってみんなバラバラです。「信じる」ということの意味はさまざまだ、というのが、宗教を理解する第一歩でしょう。

Q12 なぜ日本ではキリスト教が広まらないのか？

A12 キリスト教が世界に広まっているのは、西欧列強による植民地化の影響が大きいと思われます。日本は植民地化されなかったので、異教の定着が困難なのでしょう。

明治以来、カトリック、プロテスタント、ロシア正教会の大勢の宣教師が日本にやって来て宣教を続けましたが、信者数は百万人前後を推移しています。どうもあまり伸びない。日本にキリスト教が根付かない理由については色々言われていますが、「国民性」とか「日本人の精神」のようなものを持ち出して説明する際には、注意を要することがあります。

Q11の世界地図を見ても分かるように、宗教は概ね地域ごとに勢力圏が決まっています。個人単位では、世界各地にさまざまな宗教の信者が入り交じって暮らしていますが――日本にもクリスチャンがおり、アメリカにも禅センターがあります――マクロに見れば、土地土地の主流文化として、伝統的な宗教が居座っています。

大航海時代以降、ヨーロッパ人は世界各地に進出し、植民地化を推し進め、キリスト教の宣教師を送り込みました。

一方では軍事力で現地民を支配し、奴隷的地位に貶《おとし》めつつ、他方では愛を説いてキリスト教を布教しました。便利な「政教分離」というか、このダブルスタンダードのおかげで、キリスト教を世界各地に広めることができたわけです。

もちろん宣教師の気持ちは純粋だったでしょうが、その純粋な気持ちを世界に広げる支えとなったのは政治的暴力です（公平を期すために言い添えますが、日本の仏教徒も戦前はこれを真似してアジアに布教などを行なっていました）。

世界各地にキリスト教が広まったとはいえ、もとから大宗教が文化的に根付いていた地域では、基本的にどこでも大きな抵抗があったことは確かです。中東でも、インドでも、中国でも、人々はキリスト教をすんなりと受け入れたわけではないのです。とくにイスラム圏の抵抗は今も昔も強いでしょう。

（そもそもヨーロッパだって古代から中世にかけての一〇世紀以上をかけてようやくキリスト教化したのです。いや、中世末期になってもまだ異教の要素は払拭できませんでした）

「日本人論」的解釈はあてにならない

ですから、日本人がキリスト教に対して冷淡であったとしても、それが格別日本人的な特質だというわけではありません。

ときどき、「日本人は宗教を病気治しの類《たぐい》だと思っている。だからキリスト教が分からんのだ」と考えているエリート主義的なクリスチャンがいます。

しかし、世界各地のキリスト教は、病気治しのようなあやしげなことをやっています。日本のキリスト教はあまりこれをやらない。明治に殿様を失った武士階級がキリスト信仰に転じ、武士のエリート意識をキリスト教に持ち込んだからかもしれません。

日本と対照的に、韓国にはクリスチャンが多いのですが、これは、日本の植民地となったあとで朝鮮戦争を迎えたことが大きいようです。つまり地元の儒教や仏教が勢力立て直しを行なう暇もなく、戦争となってしまった。そこに訪れた宣教団が人々の精神的な支えとなったということです。

日本にクリスチャンが少ないのは、簡単に言えば、日本が植民地化を逃れ、よくも悪くも国家的・国民的アイデンティティを保つことができたことが大きな理由として働いていると思われます。

「信仰」はあくまで個人の心の問題です。しかし、ある個人がある宗教にたどり着くかどうかは、社会的環境によります。国家とか植民地とか、宣教団が大挙して押し寄せるとか、地元の宗教組織がどうなっているかとか、そういう政治的な次元がモノを言うのです。

日本にクリスチャンが少ないのは、日本人のメンタリティのせいではない、と考えるべきでしょう。

いくら仏教のお坊さんが欧米で布教活動を行なっても、たぶん欧米における仏教徒の数はそんなに増えないだろうと思います。それは欧米人のメンタリティのせいというよりも、政治的・社会的な環境のせいです。

仏教にも、キリスト教にも、イスラム教にも、ぜひこれでなければ、というほどの絶対的説得性はないのですから。

コラム1　映画で知るキリスト教

Q13 クリスチャンは『ナルニア国物語』が好き？

キリスト教映画として案外オススメなのが、C・S・ルイス原作、アンドリュー・アダムソンおよびマイケル・アプテッド監督作品、『ナルニア国物語』シリーズ（二〇〇五年〜）です。全七巻の原作の中から三巻分が制作されています。C・S・ルイス（一八九八〜一九六三）はケンブリッジ大学の教授であり、神学者でもあります。

こんなの子供向けアニメじゃないか、原作も児童文学じゃないかと思われるかもしれませんが、むしろそうだからキリスト教の重要ポイントを手っ取り早く読み取れるのです。

ナルニアはファンタジーの国です。英国の少年少女がこの世界にワープして冒険を繰り広げる。実はナルニアはキリスト教の歴史的世界を模型化したものであり、ここに出てくるライオン「アスラン」は、我々の世界ではキリストに相当します。

一作目『ライオンと魔女』では、少年エドマンドの兄弟裏切りの罪を背負ってアスランが犠牲死を遂げ、復活します。ここから裏切り（ユダの罪）が最も深刻な悪徳であることが分かりますし、神キリストの贖罪の死と復活の意味も分かります。

アスランの臨在は子供たちに至福と畏敬ないし怖れを呼び起こします。子供たちはいつも単独でアスランに向き合います（ああなるほど、キリスト教徒にとって神は自らの倫理的な反省の「鏡」なんだなあ……）。

そして子供たちはアスランの旗印のもと、善悪の戦いを繰り広げます（ううむなるほど、キリスト教は日本仏教のように善悪を相対化しないんだなあ……）。

映画化されていませんが、原作第六巻は天地創造を、第七巻は終末の審判を扱っています。全七巻を通してキリスト教的世界観をまんべんなく学べるように設計されています（なるほどなるほど、原作が大人のクリスチャンにも人気があるのはそのためか！）。

第二章

イエスの生涯をめぐるクエスチョン

Q14 そもそもイエスは実在したのか？

A14 実在していなかったという強い証拠はありません。

すでに見たように、福音書に書かれたイエスの生涯は、要約すると次のようになります。

- ☑イエスは処女マリアから「神の子」として生まれた。
- ☑イエスは人々に「福音」を説いた。
- ☑イエスは奇跡を行ない、人々の病気を癒した。
- ☑イエスは一二人の弟子たちと「最後の晩餐」をとった。
- ☑イエスは弟子のユダに裏切られて、腐敗した祭司たちに売られた。
- ☑イエスは人類の罪を背負って十字架上に死んだ。
- ☑イエスは死後に甦り、人類の恵みと裁きの源泉となった。

これは処女から生まれ、奇跡を行ない、死後に復活した人間の物語だというわけですから、

「そんな人物は本当に実在したのだろうか?」という疑問が生じるのは当然のことです。今どこかの新宗教が、自分たちの教祖についてこんなことを宣伝して歩いていたとしたら、誰も相手にしないでしょう。

歴史学者はどう見ているかというと、概ね「人物としては存在していただろうが、奇跡や復活の話は福音書の書き手の信仰の産物だろう」というあたりかと思います。

仏伝の場合にも同様のことが言えます。釈迦もまた、摩耶夫人《まやぶにん》の右脇腹から生まれるという奇跡的な誕生をしており、数々の神通力を発揮し、神々や悪魔と対話し、死後は涅槃《ねはん》という絶対の領域に入ったとされています。

しかし、そういうのはすべてシンボリックな表現であり、歴史上の釈迦はまっとうな人間として悟りについて弟子に教えただけだと、歴史学者は考えています。

福音書は歴史書ではなく「信仰の書」

そもそも四種類ある福音書というのは、イエスの生涯を記してあるといっても、今日の歴史書のような意識で書かれたものではありません。これらはあくまで信仰の書です。

最初に書かれたのは『マルコによる福音書』ですが、イエスの死後四〇年ほど経ってから書かれたものです。開祖をめぐる伝承を集めて、一つの人生の流れとして再構成してドラマ化してみせたのです。

伝承自体には、本当のイエスの事績も交ざっているでしょうが、噂や都市伝説の部分が多いと思われますし、いずれにせよ話に尾ひれがついて伝わっているはずです。

イエスの事績を「記録」したものは福音書しかありません。当時の役所の文書に記載されてもいないし、どこかの文人が「町でイエスという人物が説教しているのを見かけた」と書き残しているわけでもありません。

だから、存在自体をまるごと疑うことも理論的には可能ですが、少なくとも伝承の中核となる人物がいたと考えるほうが自然でしょう。

福音書に記された人物像にはキャラクターとして実在感がありますし、福音書がない時代にすでに信者たちは活動しており、その信仰が開祖イエスに集中していることは明らかです。しかも、直弟子と称する者たちがいて、それどころかイエスの「兄弟」とされる人物（ヤコブ）が教団のリーダーを務めていた時期もあります。

Q15 本当に処女から生まれたのか？

A15 イエスの母マリアは処女のまま懐胎したと二つの福音書に記されていますが、神話だろうと言われています。

保守的な信者さんはこれを文字通りに信じていると思われますが、リベラルな信者さんは神話と割り切っているようです。考えてもしょうがないので、考えないようにしている人もいるでしょう。

四つある福音書——『マタイによる福音書』『マルコによる福音書』『ルカによる福音書』『ヨハネによる福音書』——のうち、最も古い段階で書かれた『マルコによる福音書』にはこの伝承が欠如しています。『マルコ』にはイエスの子供時代についての記録がなく、青年期後期のイエスが宣教を始めるところから物語が始まっています。

この『マルコ』を改編する形で生まれた『マタイ』と『ルカ』には、イエス幼少時の伝承が加えられているのですが、その内容は一致しません。福音書を書いた人たちもあやふやだったんですね。

最も遅れて編纂された『ヨハネ』も幼少期についての記述を欠いています。

釈迦も神秘的な出生であった

ちなみに、そもそも英雄的な人物、神的な人物の奇跡的な生誕というのは、世界中どこにでもある神話であり、処女から生まれるというのもそのパターンの一つです。

仏教の開祖もまた、伝承の中では、奇跡的な生まれ方をしています。

釈迦はお父さん（浄飯王《じょうぼんのう》）とお母さん（摩耶夫人）の子供です。しかし、釈迦は兜率天《とそつてん》という天から白象の姿でお母さんの胎に降りて来たと言われています。そのあと、お母さんは右脇腹から釈迦を産みます。

釈迦は兜率天の前にも無数の前世があり、その中で奇跡的な人生を歩んだことになっています。つまり、輪廻《りんね》信仰のある仏教の場合、前世を奇跡的に描くことで、釈迦の奇跡性を演出できます。

これに対して、キリスト教には輪廻信仰がありませんから、開祖が奇跡的に生まれるには、神が直接にかかわる必要があります。だから神と処女の子として誕生する必要があったのだと思われます。

もっとも、処女からの誕生というのは仏教世界にもある神話です。禅の五祖・弘忍《ぐにん》は師に出遭ったときもう高齢であったので、生まれ直して修行することにし、水辺の洗濯女に「わしを宿してください」と頼んで、生まれ直したそうです。すごい話ですね（もちろん伝説です）。

なお、イエスの誕生神話に関しては、次のQ16もご覧ください。

Q16 王族の家系なのか?

A16 福音書にはダビデ王に発する系図が書かれていますが、作り話だとされています。

『マタイによる福音書』と『ルカによる福音書』にはイエスの養父であるヨセフの家系図が記載されています。いずれも古代イスラエル王国のダビデ王にまでさかのぼるのですが、系図の途中が一致していません。どちらも作り話だと推定されています。

イエスはメシアだと人々は噂したのですが、メシアであればダビデの家系のはずだと頑張る人もいたのだと思われます。メシアは、イエス生誕の千年前にあった古代イスラエル王国の王様ダビデの再来だと思われていたからです。

なお、イエスの母マリアは処女で子を産んだのですから、父とされるヨセフはあくまで養父であり、その系図はイエスに関係ないはずです。

このあたり福音書を書いた人も混乱していたのでしょうか?　あるいは血脈がなくても法的

な継承があれば十分だと考えたのでしょうか？

うがった見方をする人もいます。父方は家系信仰を代表しています。母方はそれを断ち切るようにして神が介入しています。これはつまり、「家系信仰を超越する権威というものが存在する」ということの象徴なのであると。

なるほど、そのように解釈すれば、「人は家柄や身分ではない。神からのお召しによってモノになるのだ」というふうに、自信をもって生きられるようになるわけです。

ともあれ、ダビデの系譜というのは、強迫観念的に大事なものであったらしく、イエスの生誕地も、福音書はダビデの故郷、ベツレヘムにしています。

イエスが長らく住んでいたのはナザレです。だから「ナザレのイエス」と呼ばれます。たぶんこのナザレが出生地であったのでしょう。

☑イエスの母マリア……処女にして「聖霊」によって身ごもる（神話）
☑イエスの養父ヨセフ……ダビデ王の家系である（神話）
☑イエスの故郷……ダビデ王の故地ベツレヘムである（神話）

Q17 イエスにも師がいた？

A17 イエスは洗礼者ヨハネから洗礼を受けています。洗礼者ヨハネはイエスの師であった可能性があります。

『マルコ』と『マタイ』によれば、イエスは「洗礼者ヨハネ」と呼ばれる人物から洗礼を受けています。洗礼者ヨハネもまた宗教運動家です。ちなみに『ヨハネによる福音書』や『ヨハネの黙示録』のヨハネとは関係ありません。

洗礼者ヨハネは荒野に暮らし、人々に罪の悔い改めを訴えかけ、生まれ変わりのしるしとしてヨルダン川の水をかぶることを勧めていました。イエスはたぶんこの教団の信者だったのでしょう。

デビュー前のイエスには師匠がいたわけです。

しかし、後のイエス信者にとっては、イエスこそ救世主であり、神のような存在です。それに師がいるのは奇妙だということでしょうか、『マルコ』の記述では、ヨハネは「自分よりも優れた者が来る」と言って、暗にイエスのほうが格上だと言ったことになっています。

『マルコ』を改編した『マタイ』では、ヨハネがイエスに洗礼を授けるのを辞退したことになっています（イエスはこの辞退を退け、やはり洗礼を受けます）。『ルカ』ではイエスが誰から洗礼を受けたのか分からないように書いてあります。『ヨハネ』には洗礼の記事がありません。

洗礼者ヨハネは当局から睨まれており、やがて逮捕されました。イエスはヨハネの活動を引き継ぐような形で宣教をスタートしています。ヨハネはやがて殺され、イエスもまた官憲に逮捕されて、十字架刑に処されました。

ちなみに、ヨハネの行なっていた洗礼というのは、それ自体は珍しい儀式ではなかったようです。神道の禊《みそぎ》と同様、ユダヤ人もまた水による浄めを重んじましたから。

ただ、一回こっきりの悔い改めの象徴として水に浸かるのはヨハネの独創だとされています。

初期のクリスチャンもまたこの洗礼の儀礼を取り込みました。入信の象徴として定着しています。

Q18 なぜ悪魔の試練を受けたのか？

A18 福音書のこの場面は、信者に対し、信仰とはどういうものかを教えるものになっています。そのような象徴劇として工夫された伝承でしょう。

『マルコ』の書き方はシンプルです。イエスは洗礼者ヨハネのもとを去り、荒野に四〇日間留まった。野獣がいっしょにいた。そこでサタン（悪魔）の誘惑を受けもしたが、天使たちも仕えていた。

ワイルドな空間で断食修行者《だんじきしゅぎょうじゃ》のようにして頑張っているイエスに対し、悪魔が足を引っ張ったり天使が応援したりしていた、といった感じですね。

『マタイ』と『ルカ』はこれに別の資料からエピソードを補い、悪魔がイエスを三回誘惑し、イエスが旧約聖書の言葉を引用しながら悪魔を三回拒絶したという展開になっています。『ヨハネ』には記事がありません。

悪魔の誘惑とイエスの拒絶の内容は次の通りです。イエスのセリフの中の〝　〟つきの言葉は、旧約聖書からの引用です。

イエスが空腹を覚える。

悪魔「石をパンに変えてみろ」

イエス「〝人はパンのみにて生きるに非ず〟」

悪魔がイエスを神殿の屋根の端に立たせる。
悪魔「神の子なら飛び降りろ。天使が支えるはずだ」
イエス「〝神を試してはいけない〟」

悪魔がイエスを高い山に連れて行き、国々の繁栄ぶりを見せる。
悪魔「わたしを拝むなら、これをみな与えよう」
イエス「サタンよ退け。〝ただ主に仕えよ〟」

この問答から分かることは、まずイエスが旧約聖書の伝統に忠実だということですね。

また、イエスがこれから世にデビューして人々に示す宗教は、物質的満足（パン）でもなく、超能力（空中浮遊）でもなく、政治的支配（国々の繁栄）でもないということが分かります。つまり「神様」はもっと精神的な何かだということです。

イエスが断食中に悪魔と対話したからといって、弟子や福音書の書き手がその様子をつぶさに見られるはずもありませんから、これはあくまで、瞑想的ビジョンのようなものです。

デビュー前に悪魔が試練を課すのは、釈迦の場合も同じです。釈迦は苦行を行なったのですが、悪魔が現れて邪魔をします。というのは、もし釈迦が悟りをひらいてしまえば、世界が救われ、悪魔の商売が上がったりになるからです。

宗教の発想は、いずれもよく似ていますね。

Q19 パンを増やすなどの奇跡を本当に行なったのか？

A19 奇跡譚《たん》には信仰とは何かを絵解きする働きがあります。

悪魔との対話が、信仰の意味合いを明らかにする役割を担っているように、イエスにまつわるあれこれの奇跡譚も、基本的には「信仰とは何か」の比喩的表現と捉えられるでしょう。

たとえば、五千人の群衆にパンを与えた奇跡というのがあります。四つの福音書すべてに書かれています。

あるときイエスは群衆に説教したあと、みなにパンを振る舞おうと思った。手元にはパンが五つ、魚が二匹あるだけであった。しかし、イエスがパンを祝福すると、どういう形でか、それが増殖したらしく、全員が食べて満腹したというのです。

パンの余り屑を集めると一二籠《かご》がいっぱいになったと言います。

信仰があれば山をも動かす

まるで叩くとビスケットが増えるポケットのようです。この奇跡は映画では描きにくいので省かれがちなのは残念です。でも、ＣＧで描いても、演芸場の奇術のようになってしまうかもしれません。

『ヨハネ』にはこの奇跡の「種明かし」のような説教が記されています。

パンの奇跡の翌日、イエスは「わたしが命のパンである」と宣言します。キリスト教会では、イエスを記念してパンとワインをとるという儀式を行ないますが、その暗示です。

キリスト教の世界では「パン」に霊的・精神的な意味合いが込められており、しかもそれがイエス・キリストとイコールで結ばれるというシンボリズムが働いています。

だから、イエスの説法の有難さ、イエスの存在の有難さは、そのまま、（シンボリカルな）パンをいただく有難さということになります。それをお伽噺《とぎばなし》として描けば、五千人のパンの奇跡のようになるでしょう。

なお、パンの奇跡には四千人バージョンもあり、『マルコ』と『マタイ』に載っています。人数、パンの数、籠の数がズレているのですが、同じ話が伝承の過程で二つに割れてしまったのでしょう。

イエスが湖上を歩いたという奇跡も有名です。映画『ダ・ヴィンチ・コード』で、キリストの血をひくという主人公ソフィーが、冗談で池の上を歩こうとするシーンがありますが、その元ネタは福音書にある奇跡です。

弟子たちが湖上の舟で逆風に悩んでいると、イエスがすたすた湖の上を歩いてきます。弟子たちは仰天します。一番弟子のペトロが、自分も湖を歩いてみたいと言い出し、湖に足をつけてみます。しかし怖気づいて溺れてしまう。

そこでイエスの曰く、「信仰の薄い者よ、なぜ疑ったのか」。

信仰の本質を語った寓話ですね。

湖なんか誰にも歩けっこないでしょう。だから人間が溺れるのは自然です（逆に言えば、神様であれば歩ける。人間には分からないとき「神のみぞ知る」と言いますが、このように人間⇕神を対比して考えてみてください。神のみぞ歩ける）。

人間が溺れるのは自然ですが、人間はぎりぎり神の領域に挑戦したほうがいいという場合もあるかもしれない。たとえば、絶望的な状況のとき、合理的に考えて早々に諦めるよりも、なお神の奇跡を信じて尽力し続けたほうがいい、というようなことがあるでしょう。

絶体絶命のときの必死の努力、というのは、いつもある種の奇跡信仰のようなものです。だから、ペトロのやったような、分不相応な湖歩きへの挑戦を馬鹿にしてはいけないということになるわけです。

とはいえ、今の解説とは逆になるのですが、イエスの奇跡譚は、比喩と受け取っておいたほうが無難であるかもしれません。Q18の悪魔の試練で、悪魔はイエスに奇跡を起こせと誘いました。しかしそれをグッとこらえるところにイエスの根性が示されていました。

こちらのエピソードでは奇跡が否定的に描かれているのだから、信仰において闇雲に奇跡を期待してはいけないということです。

Q20 本当に病気を治すことが出来たのか？

A20 都市伝説の可能性が高いでしょう。むしろ伝統的に強調されてきたのは、イエスが人々に見放された病人のような人々に寄り添っていることです。

イエスと言えば病気治し、というくらい、福音書には奇跡的信仰治療のエピソードが多いです。当時はそういう病気治しのシャーマンのような人が大勢いたようですが、イエスの治療の一番の特徴は、クライアントからお金を取っていないことです。

元祖「赤ひげ先生」です（ご存じない方のために説明しておきますと、「赤ひげ」というのは、山本周五郎の小説および黒澤明の映画の登場人物で、貧乏人に優しかった江戸の名医のあだ名です)。

病気治しの奇跡が実際にじゃかすか起きたのかどうか、というのは、どうにも分かりません。福音書にそうした記事が多いとはいえ、そもそもイエスが死んでから半世紀近くも経って集められた伝承を書き並べているだけですから、信憑性はあまり高くありません。今日でも、半世紀前の新宗教の病気治しの噂など、信じようがないではありませんか。

とはいえ、イエスは無数の病人の間を歩き回っていたように描かれているので、病気が治ったと感じた人の証言がそれなりの数集まったとしても不思議ではないでしょう。

人間には「病は気から」的なところがあり、プラシーボ（偽薬）効果というものもあります。今日でも、新宗教教団はしばしば病気治しで評判を集めています。

イエスが癒した病気は、中風、婦人病、皮膚病、水腫、手の機能不全、腰の機能不全、聾啞、盲目などです。皮膚病というのは当時の特殊な疾病《しっぺい》概念であり、今日の何に当たるかはよく分かりません。盲目の癒しは幾度も出てきます。

また、「悪霊に取りつかれている」というのもけっこう多い。これなどは精神・神経病でしょうから、イエスの気合で治ったということも考えられます。

離れた場所からテレパシーのようなもので治すこともあったらしいのですが、これも信仰のなせる「病は気から」系のわざかもしれません。

さすがに信じがたいのは、死人を甦らせていることです。三度ほどあります。これなどは、「人間は死後に霊的に甦るのだ」「イエスも十字架で死んだあと復活するのだ」ということの比喩のようにも受け取れますが。

安息日の治療――規則破りのカリスマと愛

一つ注目すべきは、安息日に治療を施したというケースです。これも幾度も行なっている。

安息日というのは、ユダヤ教で七日に一回、絶対に労働してはいけない日のことです。金曜の夕方から土曜の夕方まで続きます。

もともとは、労働者や耕地や家畜を休ませるための合理的取り決めであったと考えられますが、神の掟として絶対化されていましたので、生活には何かと不自由なところがありました。

とくに病気の治療をやってはいけないというのは、きついですね。

イエスはその取り決めも破って、病人のために働いた。

というわけで、エピソードの注目点は、病気治しそのものから、規則をも曲げるイエスのカリスマ的権威、また、世の怨みを買ってまで人々に献身する生き神様の愛の精神へと、ずれていきます。

病気治しのエピソードのポイントは、やはり、救世主のカリスマと「愛」の教えのほうにあるのかもしれません。

Q21 一二人という弟子の数に意味はあるのか？

A21 ユダヤ人の先祖には一二の部族があったとされます。救世主の弟子にふさわしい象徴的な数です。実際の弟子の数が一二であったかどうかは分かりません。

歴史上の偉人にはたいがい弟子がいます。釈迦には舎利子《しゃりし》、目連《もくれん》、大迦葉《だいかしょう》といった弟子がおり、俗に「十大弟子」などと言われています。孔子にも子路《しろ》、顔淵《がんえん》、子貢《しこう》などの門人がおり、これまた「孔門の十哲《じってつ》」といったふうに整理されています。

一〇人を特別扱いするのはあくまで後世の評価にすぎませんが、キリストの「一二弟子」も伝承の中の帳尻合わせである可能性があります。ユダヤ教徒の伝承によれば太古にはユダヤ民族には一二の部族がいたことになっており、一二という数は非常にシンボリックな数なのです。

もっとも、メシアを自認するキリスト自身が象徴数にこだわったという可能性もあるでしょう。

弟子の顔ぶれ

弟子の筆頭は本名がシモン、通称がペトロという漁夫であったと福音書に書かれています。岩のように信念が固かったのか、頭がカタかったのか、イエスは彼をケパ（地元の言語で「岩」の意味）と呼んでいた。これが福音書ではギリシャ語化されてペトロス（岩夫くん）となったという次第です。

ペトロの兄弟であるアンデレもイエスの弟子となっています。

イエスは大工（木工業者）ですが、ペトロとアンデレは漁師である。福音書に書かれたエピソードの一つに、網に魚が大いにかかるという奇跡の物語があります。これが弟子たちが信者を大いに集めるということを意味しているとすると、暗示的ですね。

ペトロはイエスの死後にローマ帝国の首都ローマに行き、そこで迫害を受けて殺されています。伝承では逆さ十字にかけられている。その場所がローマ市郊外のバチカンの丘で、ペトロの墓の上にサン・ピエトロ（聖ペトロ）大聖堂が建っているとされています。カトリックの総本山です。

他に、徴税人のマタイというのがいます。徴税人というのは、ローマなどの下請けとして通行税を取ったりする職業で、ついでに私腹を肥やしていることも多く、みんなから嫌われておりました。

「熱心党のシモン」は、伝統的なイメージでは反ローマ武装闘争の過激派なのですが、実際には単にユダヤ教の掟に熱心な人というだけだったかもしれません。

トマスはキリストが甦って弟子たちの前に姿を現したとき、なかなか信じようとしなかったことでよく知られています。彼は他の弟子たちの証言だけでは信じなかった。自分の目で見て初めて信じました。

「イスカリオテのユダ」というのはイエスを裏切ったとされる人物です。彼がなぜ師を裏切ったのかは不明です。ユダについてはQ25でまた取り上げましょう。

釈迦の弟子も孔子の弟子も師の指示を受けて一生懸命修行していますが、イエスの弟子たちは修行者ではなさそうです。

これから来るであろう「神の国」の前衛として、神に忠実であろうとする気持ちにおいては熱心だったかもしれませんが、師が逮捕されると散り散りになってしまい、弟子筆頭のペトロなどは、人々からイエスの弟子だったんじゃないかと問い詰められると、必死に否定したりしています。

人間ができていないというよりも、社会的状況が過酷だったということでしょう。

Q22 「マグダラのマリア」はイエスの愛人か？

A22 「マグダラのマリア」は福音書に登場する重要人物ですが、愛人説・妻説には根拠がありません。他方、イエスに妻がいたとしてもそのこと自体は不思議なことではないでしょう。

イエスは男性信徒の中から直弟子を選んでいますが、女性の信従者もたくさんいたと福音書に書かれています。

中でも「マグダラのマリア」（マグダラは地名）と呼ばれる女性は、イエスの死後に最初にイエスの復活を知ったとされており、非常に重要な人物です。

さてしかし、後世にはマグダラのマリアは「もと娼婦」というイメージを引きずることになりました。マグダラのマリアの話が膨らんだのは、中世カトリック教会において、彼女が福音書に記載のある何人かの女性と同一視されたためです。

それらの女性を紹介すると……

まず、イエスの頭に香油を注いだ――もしくはイエスの足に香油を注ぎ髪でぬぐった――女性がいます。福音書によって、出来事の時期も女性の立場も違っています（イエスの知人であるラザロの姉妹として描かれていたり、「罪深い女」と言及されていたりします）。さらに、姦淫の罪を犯して石打ちの刑になりかかったところをイエスに助けられた女性がいます。

さて、これらの女性がみな同一人物であるとすると、イエスのそばにかなり親しげな――しかも「罪深い」「姦淫の罪を犯した」――一人の女性が常時いたことになります。後世の娼婦的な「マグダラのマリア」のイメージはこうやって出来上がったものです。

現代の小説や映画などでは、マグダラのマリアはイエスの愛人あるいは妻であるというのが定番の設定となっています。たとえばロックオペラ『ジーザス・クライスト・スーパースター』ではイエスの愛人です。ニコス・カザンザキス原作、マーティン・スコセッシ監督の映画『最後の誘惑』ではキリストと結婚しています。ダン・ブラウン原作の映画『ダ・ヴィンチ・コード』では、イエスとマグダラのマリアの子供の血筋が今日までつながっていることになっています。

当時の中東の結婚状況から見て、イエスに妻がいたとしても少しも不自然ではないし、むしろいないほうが不自然なのですが、マグダラのマリアを妻ないし愛人とするドラマは、今見たように、文献読解の想像力の産物（つまり曲解）と言うべきでしょう。

フェミニズムの福音

とはいえ、古代からマグダラのマリアが特別視されていたこともまた事実のようです。実は『マグダラのマリアの福音書』という文書があるのです。

写本としては三～五世紀の文献ですので、正典になっている四つの福音書（いずれも一世紀に書かれた）との時差が大きく、内容の歴史的信憑性はあまりありません。しかし、この書物では、男の弟子のペトロを差し置いてマグダラのマリアがイエスの真意を伝えていることになっています。

これは今日フェミニズムの視点から注目を浴びています。というのは、少なくとも古代社会において、男性中心的な教会の秩序に反して女性の高い霊性を認める一派が活動していたことは間違いないからです。

Q23 なぜ山の上で説教したのか？

A23 福音書を書いた人の演出です。あちこちでの説教の伝承をワンシーンにまとめたものです。

キリストの伝記映画を見ると、イエスが高いところで教えを説いているシーンに出遭います。山腹には群衆がひしめいていて、有難く拝聴している。

とても印象的なシーンです。新宗教がアリーナを借り切って行なう教祖の説教のようでもあるし、アメリカの政党の党大会のシーンのようでもあります。

あるいはロックコンサートか。イエスはしばしばロックミュージシャンのように描かれますが山上の説教のシーンからのインスピレーションでしょうか（『聖《セイント》☆おにいさん』のイエスは超ジョニデ似なんだとか）。

さて、このシーンは「山上の垂訓《すいくん》（説教）」と呼ばれておりまして、古来有名なものです。『マタイによる福音書』の五〜七章がこれに当たります。イエスの教えを濃縮したものとして、聖書なんかぜんぜん読まない信者でも、ここだけは覚えていると言われています。

で、まあ、これは書き手のマタイによる演出なんですね。マタイは『マルコによる福音書』を改編して新たな伝承を付け加えることで『マタイによる福音書』を作成しました。マルコとは別の教会の人間で、開祖に対する見方も違っているので、『マルコ』のあちこちの文章を書き換えています。

なお、マルコ、マタイ、ルカ、ヨハネという福音書の書き手の正体は分かっていません。これらの名前は文書の伝承の過程で付加されたものです。

有名な聖句を少々

山上の垂訓には印象的な教えが目白押しです。抜粋して紹介しましょう。

「心の貧しい人々は、幸いである、天の国はその人たちのものである」

「心の貧しい」というのは、「精神がヒンコン」という意味ではなく、魂において謙虚であるくらいの意味。自我の見栄をはるのは神の道ではないらしい。

「あなたがたは、神と富とに仕えることはできない」

こちらは文字通りの貧しさを言っている。金持ちが天国に行くのは難しいとも言っている。これを文字通りに受け取ると、長者番付に載るセレブの大半は、人生をだいぶ考え直さなければならないことになります。

「空の鳥をよく見なさい。種も蒔かず、刈り入れもせず、倉に納めもしない。だが、あなたがたの天の父は鳥を養ってくださる」

「野の花がどのように育つのか、注意して見なさい。働きもせず、紡ぎもしない。しかし、言っておく。栄華を極めたソロモンでさえ、この花の一つほどにも着飾ってはいなかった」

どうも敬虔な信者は単なる清貧というのを超えて、鳥や花のように「無一物（何ももたない）」にならなければならないようです。

ほとんど禅の雲水（野山を歩く修行者）の生活です。これは難行です。実際、イエスはこれを「狭い門」だと言っています。

「狭い門から入りなさい。滅びに通じる門は広く、その道も広々として、そこから入る者が多い」

門は狭いけれども諦めるな。と、求道のススメも説いています。

「門をたたきなさい。そうすれば、開かれる」

「イエスは仏教徒」説の背景

昔からちょいちょい「イエスは仏教徒だった」という説が出現しては消えています。なぜこのような説が登場するのかと言えば、一つには、イエスの説教が釈迦の説く出家修行者への戒めを思わせるような内容だからです。

イエス仏教徒説は、仏教徒には有難くも興味深いものに思われるかもしれませんが、実はこれにはダークな背景があります。

二〇世紀の初め、人種差別思想から「ヨーロッパ語族（アーリア人）は優秀、ユダヤ人やアラビア人の属するセム語族は格下」という説がありました。これを背景にして、キリスト教の中東的な側面を極力無視して、その本質をむしろインドの仏教に結び付けようとする説が現れました。

インドは言語系統上ヨーロッパとつながっており、両者あわせてインド・ヨーロッパ語族を構成しているからです。ナチスの好きな「アーリア」という言葉自体、本来、仏典などに出てくる言葉です（「聖なる」という意味）。

イエスの教えに仏教を思わせる点があるとしても、絶対的なものではありません。イスラム教にもそういう側面はあります。宗教の教えにはみな似たところがあるのです。

系譜的にイエスを仏教に結び付けるのは、やはり無理というべきでしょう。

Q24 「敵を愛せ」とはどういう意味か？

A24 「罪を憎んで人を憎まず」の極限のようなものでしょうか。

山上の垂訓の中で、イエスは人間関係にかかわる教えも説いています。

「人を裁くな。あなたがたも裁かれないようにするためである」
「人にしてもらいたいと思うことは何でも、あなたがたも人にしなさい」

こういった教えであれば、どんな宗教も似たようなことを説いています。

たとえば孔子は「人の悪を称する者を悪《にく》む」「おのれの欲せざる所は人に施すことなかれ」（論語）と言っています。他人のことはとやかく言うな。他人に意地悪するな。

では、その他人が、あなた自身を害する「敵」であったら、どうするのでしょうか？

「だれかがあなたの右の頬を打つなら、左の頬をも向けなさい」

有名な言葉ですが、これに対してはいつも懐疑的な意見が出されます。

「いったいどこに、敵に打たれて、さらにもう一回打たれようとする者がいるだろうか？」

「これはマゾの思想か？」

まさしくごもっとも。

もちろんこれを字義通りに実行するのは滑稽だと言えるでしょう。つまりレトリックとして読むしかない。

イエスはこの教えを説く前に、「目には目を、歯には歯を」から脱却しなさいと言っています。報復は駄目なのであると。

ということはつまり、頬を叩かれたときに、相手の頬を叩き返すのは駄目だということになります。これを強調して言うと「頬を打たれたら、別の頬も差し出しなさい」となるでしょう。

無視か積極攻勢か

報復は駄目だというのは、釈迦の教えにもあります。

ただし釈迦は、反対側の頬を差し出せとは説きません。釈迦が推奨するのは、気持ちをゼロにリセットすることです。頬を叩かれても、無視するのです（そのための修行が仏道修行ということになります）。

「実にこの世においては、怨みに報いるに怨みを以てしたならば、ついに怨みの息《や》むことがない。怨みをすててこそ息む」（法句経――中村元訳『ブッダの真理のことば　感興のことば』より）

このように、釈迦は「ゼロ・リセット」主義です。これに対して、イエスは「殴られたら愛を返す」主義です。積極主義者のイエスは「敵を愛せ」とも言っています。

これは今日で言えば、犯罪者が現れたら、犯罪者当人をとっちめるよりも、犯罪の温床になっている社会環境を改善する（貧困を撲滅するなど）ほうに知恵をめぐらす、というようなことでしょう。

Q25 なぜユダは師であるイエスを裏切ったのか？

A25 歴史上のユダの意図は不明です。福音書では、主人公イエスの正義の引き立て役として描かれています。

イエスは弟子たちと「最後の晩餐」をとった際に、弟子の一人が裏切ることを予告します。

それは「イスカリオテのユダ」と呼ばれる人物でした。「イスカリオテ」の意味は不明ですが、地名に由来すると言われています。

　裏切るというのは、イエスをユダヤ教の祭司たちに引き渡すということです。

　イエスは体制にとって危ない人物としてマークされていました。祭司たちの派遣した愚連隊の一行をユダは手引きし、イエスのいるところまで連れて行き、師にキスをすることで、「こいつがイエスだ」とはっきり示したということになっています。

　この人物がイエスを裏切る気になった理由ははっきりしません。『ヨハネ』の描くところでは、彼は金銭出納係だったのだが、預かった金を着服する悪い奴ということになっています。『ヨハネ』と『ルカ』はユダの中にサタンが入ったとしていますが、『マルコ』や『マタイ』にはそうした記述はありません。最も古い『マルコ』では、祭司長から報酬を受け取ったとだけ書いてあり、これを改編した『マタイ』は報酬を銀三〇枚としています。『マタイ』のユダはイエスの有罪確定後、反省して自殺しています。

　福音書は信仰の書ですから、信仰に役立つように演出されています。つまるところユダは、完全なる正義の存在であるイエスに対し、そのひっくり返しの存在として造形されているのです。

　『マルコ』の描写はさりげないものですが、『ヨハネ』の演出ではサタン入りの卑劣漢にされています。

裏切りというのは悪の中でも最悪なものであり、ダンテの『神曲』でも地獄の最下層は裏切り者のために用意されています。そしてサタンがユダを頭からぼりぼり食っています。

デーヴァダッタとユダの福音

仏伝にも裏切り者が出てきます。デーヴァダッタ（提婆達多）という釈迦の親戚の男です。釈迦を官憲に売ったわけではないのですが、教団の秩序を乱し、釈迦の命を狙ったとされています。

実際のデーヴァダッタは、教団改革を行なおうとした人物だったと推定されています。それが教団本部から嫌われて、悪者にされてしまったんですね。「分派活動」が嫌われるのは宗教の場合も政治運動の場合も同じです。

ユダ伝承の場合も、教団のセクト争いの要素が絡んでいるかもしれません。『ユダの福音書』という文書が存在しているのですが、その中でユダはイエスに最も親しい位置にいて奥義を告げられたことになっているのです。

ただし、この福音書は（『マグダラのマリアの福音書』と同様）歴史的には少し遅れて成立したと推定されています。他の福音書ほど古くさかのぼれないんですね。しかもかなり神話的な内容の文書です。

ともあれ、キリスト教の成立期に、ユダをめぐって主流派とずいぶん見解の異なる流派が存在していたという事実は大きいと思います。

問題はイエスの二面性

イエスの存在と性格をめぐる論理的な難点は、イエスが神と人間の両方の側に足をかけていることです。

神側にあるならば、裏切り、逮捕、裁判、死刑のプロセスのすべてがお見通しであり、苦悩だってないはずです。人間側にあるならば、自分の運命を見通せるはずもなく、不安や苦しみにさいなまれるでしょう。

福音書のイエスは、平気なんだか苦しんでいるんだかよく分からない謎めいた姿で描かれています。

この矛盾を裏側で一身に引き受けたのがユダです。

ユダの裏切りもまた、ユダ自身の判断であると同時に、神の計画の一部ということになります。しかし、もしユダの裏切りが神様の予定内に入っているならば、ユダはただの傀儡《かいらい》ということにならないでしょうか？　ユダに責任はないということにならないでしょうか？

こういう問題があるから、現代人はどうしてもユダを救いたくなります。

しかし、古代・中世の人々はそんなふうに考えたりしませんでした。ユダは悪者、ただそれだけです。

宗教の説話というのは近代小説ではありません。ユダの苦悩自体に光は当たっていないのです。そうではなく、「人を救う自己犠牲は善であり／人を欺く自己中心は悪である」ということをイエス／ユダの対比で図式化しているのです。正義の味方ハリー・ポッター／闇の帝王ヴォルデモートという対比と同じです。

伝統的な絵画では、ユダはしばしば首吊りの姿で描かれます。しかも、内臓が全部はみ出た形で描きます（首吊り人を野犬か何かが食らった姿でしょうか）。そういう記述も聖書の中にあるのです。

Q26 最後の晩餐とは何か?

A26 イエスが弟子たちととった最後の夕食です。ユダヤ教の祭りの日であり、ユダヤ教の儀式と新しいキリスト教の儀式とを結ぶシンボリックな意味合いをもっています。

ユダヤ教は年中行事の豊富な宗教であり、今日でも一年中色々な宗教的行事を行なっています。

太陽暦の三月・四月頃に行なわれる過越祭《すぎこしのまつり》は、重要な祭礼の一つで、ユダヤ人のご先祖様がエジプトでの奴隷状態から解放されてパレスチナ方面へと逃げ出したときの伝承を記念する行事です。

イエスの時代にもこれは重大な行事で、ユダヤ人の聖都エルサレムは神殿詣での人々でごった返しました。その時期にイエスの一党もエルサレムで行動し、官憲につかまって処刑されたのですが、逮捕される前の晩に、すでに運命を予期していたイエスが弟子たちとともに晩餐をとったとされています。

その様子は、四種の福音書に記載されています。

ですから、「最後の晩餐」は過越祭の行事とのダブルイメージをもっており、かつ後のキリスト教会の聖餐式や復活祭の起源ともされています。

つまり、ユダヤ教の行事が「最後の晩餐」を転換点としてキリスト教の行事に変わるわけです。

肉と血の犠牲

映画で描かれる弟子たちは、たいていあんまり深くものを考えていないのですが、聖都エルサレムに乗り込んだイエスに対し、期待に胸を膨らましています。

師はいよいよスーパーヒーローとしての正体を現すのだ！

終末ユートピアへ突入だ！

しかし、イエスのほうは、これがもうお別れの時だと思っています。

イエスは晩餐の席で、不思議なことを言い出します。

パンを取ってちぎり、弟子たちに回しながら「これはわたしの体である」と言い、ワインの杯を弟子たちに回して「これは、多くの人のために流されるわたしの血、契約の血である」と言います。

映画のシーンでは、弟子たちはちょっとギクッとしていますね。「パンとワインが師の肉と血だなんて、薄気味悪い」という演出でしょう。

過越祭では、昼に人々は神殿で次々と小羊を屠《ほふ》ってもらい、その血で祭壇を真っ赤に染めます。肉は共食用に切り取られ、臓物などは祭壇で燃やされます。夜に人々は家族ごと、仲間ごとに祝宴を始め、祈ったり、杯を傾けたり、小羊を食べたりします。

つまり犠牲の肉と血の饗宴です。

こういう背景があるので、イエスの告げたシンボリズム「パンはキリストの体」「ワインはキリストの血」が、これから十字架刑を通して演じられる「犠牲」を暗示していることが分かります。

ずいぶん生々しい話です。

太古において、人類は世界中で動物犠牲を捧げていました。神々は血が大好きなのです。犠牲を捧げることで罪を祓《はら》い、幸運を買うことができました。

儒教でも豚を捧げますし、インドでも昔は動物をじゃかすか殺していました。

キリスト教の場合、羊の犠牲はやめてしまいました。イエスが一回限りの犠牲になることで、罪のお祓いはすべて済んだことになったからです。

肉と血のかわりにパンとワインになったのですから、ずいぶん草食化しましたね。

インド人もまた、動物の殺生を戒めて、神像に花を捧げるなどソフトな儀礼に変えてしまいました。キリスト教の場合とは異なりますが、同じく草食系に向かっています。

Q27 なぜイエスは裁判にかけられたのか？

A27 ユダヤ教の体制を批判したことへの怨みと、ローマへの反逆の嫌疑によってです。

これまで見てきたように、イエスは貧乏人たちの間で暮らし、病人の手当てをしていました。そして「神と富とに仕えることはできない」と、金持ちに批判的なことを言っていました（「金持ちが神の国に入るよりも、らくだが針の穴を通る方がまだ易しい」なんて言葉もあります）。金持ちに冷たかっただけではありません。ユダヤ人はたいへん宗教熱心な民族でしたが、その宗教家たちにも批判的でした。

宗教家には二種いました。

第一は、聖都エルサレムにある神殿の祭司です。しかしイエスは神殿はやがて破壊されると予言しています（実際、イエスの死後三〇年ほどしてローマ軍がエルサレムを蹂躙《じゅうりん》し、神殿は破壊し尽くされます）。

第二は、巷《ちまた》にいるファリサイ派と呼ばれる道学者たちです。彼らはユダヤ教典（旧約聖書）の内容や神の戒律に詳しかったのですが、そういう人たちの常として、宗教的にいいかげんな庶民たちを馬鹿にしきっていました。人々は生活に忙しくて宗教の戒律だの儀式だのにかまけていられませんでしたが、そんな連中は「救われない」と言っていたのです。

こういう偽善的な宗教家たち——彼らはユダヤ社会の「体制派」ということになります——は、貧乏人と病人にそっぽを向き、もちろん「罪人」にも厳しくあたりました。

ところが、イエスは貧乏人の間で暮らし、病人に治療を施し、「罪人」と飲食をともにしてさえいます。

しかも安息日にも治療をしています。治療も労働の一種ですから、神の定めた安息日厳守の掟を破ったことになります。

なお、「罪人」ですが、このカテゴリーには徴税人と呼ばれる人たちが含まれています。すでに述べたように、徴税人とはローマ人の代理として通行税などを取って、ついでに私腹を肥やしていた連中のことで、ユダヤ人は彼らを民族に対する裏切りを働く者と見なしていました。そんな者もイエスは弟子に取っていました。

というわけで、イエスの一党は、体制側から見ればかなり危ない存在であったことが分かります。支持者たちはイエスをメシア（＝キリスト＝救世主）だと思っていましたが、メシアと言えばユダヤ教世界を刷新する者を意味しますので、現体制にとっても支配者のローマ人にとっても危険な存在だということになります。

というわけで、祭司階級はイエスをとっつかまえて違法裁判でも冤罪裁判でもいいから始末をつけてしまいたいと思っていましたし、ローマ人のほうは、何であれ不穏な動きを見せる者は即刻「十字架刑」に処してしまおうと構えていたのです。

Q28　十字架刑とはどのような刑か？

A28　十字架刑とは反逆者へのローマ式の見せしめ拷問刑です。

地面に棒杭を立て、そこに罪人を吊るす、あるいは横棒に罪人の腕を打ち付け、その横棒を縦の棒杭の上に打ち付けて丁字形ないし十字形にし、脚のほうは縦棒に打ち付けてしまう、というものです。

罪人はすでにめちゃくちゃに鞭打ちされていますから虫の息です。しかし、まだ死ぬほどではない。そういう状態のものを棒杭に打ち付けて放っておくわけですから、拷問に等しいです。野犬などに足を食われ、鳥に目をつつかれます。

そして自重で下がったまま呼吸ができなくなって窒息死します。

ローマで最も厳しい刑ですが、「帝国」として異民族を支配していたローマはあちこちでこの刑を使っていました。

絵画や映画などでは突拍子もなく高い十字架に腰布を巻いたイエスがスマートに張り付けられていますが、あんなロマンチックなものではなかったはずです。高さだって背丈レベルです。昔の日本では町の境界の外に処刑者の首なんぞを晒していました。それと同じで、イエスはエルサレムの城門のすぐ外の刑場にあるむごたらしい陳列品の中の一体だったのです。

初期のクリスチャンは、十字架刑があまりにもむごたらしかったためか、あるいは自分たちが国家への反逆者を追慕していることを知られないようにするためか、十字架を自分たちのシンボルとはしていませんでした。

地下墓地などには、若い羊飼いの姿でキリストが描かれていたりします。

魚をキリスト信仰のシンボルとすることもありました。「イエス・キリスト、神の子、救世主」を意味するギリシャ語ΙΗΣΟΥΣ《イエースース》 ΧΡΙΣΤΟΣ《クリストス》 ΘΕΟΥ《テウー》 ΥΙΟΣ《ヒュイオス》 ΣΩΤΗΡ《ソーテール》の頭文字を集めたΙΧΘΥΣ《イクテュス》が「魚」という意味になるからです。

十字架がキリストのシンボルとして定着してからも、十字架上のイエスをあまりむごたらしく描くことは慎まれました。昔の人のイメージでは、キリストはむごたらしく死んだのではなく、神様として栄光の内に死んだのでなければならなかったのです。

もともとは政治的拷問具であったものが霊力あふれるシンボルに変わったというあたりに、「世俗の現実から霊的次元へ」「政治から宗教へ」という、西洋キリスト教世界の思想的方向性を見てとることができるかもしれません。

Q29　結局、「救世主」イエスは何を狙っていたのか？

A29　呪術的な政治的解放としての「神の国」樹立を狙ったのか、霊的な次元の開示としての「神の国」到来を告げたのか？　政治的解釈から信仰的解釈まで、さまざまな可能性があります。

すでに解説したように、ユダヤ教徒が待ち望んでいた救世主をヘブライ語でメシア（正しい発音はマーシーアッハ）と呼びます。これがギリシャ語に訳されてキリスト（クリストス）という称号が生まれました。

では、イエスの同時代の人々は、メシア（＝キリスト）をどんな存在と思っていたのでしょうか？

ユダヤ教の伝承でも、そのイメージは一定していなかったようです。

ユダヤ人は、世界は創造によって始まったように終末によって終わると考えていたのですが、メシアとはその終末の日に現れる神の代弁者（預言者）だというイメージがあります。

イエスの時代より千年ほど以前にはユダヤ人も立派な王国をもっており、ダビデ王という王様が治めていたのですが、このダビデの再来がメシアなのだというイメージもありました。

メシアはまた、たとえばローマ人など異教徒の支配下にあるユダヤ民族を解放してくれる超能力的ヒーローのようにも想像されていました。

ユダヤ人は天地創造の神という畏れ多い存在を信じていたので、いくら兵力が勝っているとはいえローマ軍ごときの支配下にあるのは何かの間違いだと思っていたのです。イエスの同時代には、そんなメシアを称する宗教活動家が大勢いたようです。

というわけで、解釈は色々です。

イエスは政治運動家か愛の伝道者か

では、イエス自身はどう思っていたのでしょうか？　これは福音書の全体から「感じ取る」しかありません。

そもそもイエスが、自分がメシア＝キリストであることを認めているのか認めていないのかもはっきりしないのです。『マルコ』では認めていないようにも読めますが、『マタイ』では明らかに認めています。こうした違いは書き手であるマルコ氏やマタイ氏がどう考えていたかの反映です。

伝統的な理解によれば、イエスは最初から「神の子」として到来したのであり、その目的は十字架にかかって人類の罪を背負うことでした。人類を罪から解放してくれるという、霊的な意味での救世主です。

これは政治革命を起こしたりする生々しい救世主とはずいぶん違ったイメージです。世俗の現実主義者にしてみれば、神の子が人類の罪を背負うためにやって来たなんてことは到底信じられないでしょう。

ではその場合、イエスは何をやろうとしていたということになるのか？

一番単純に考えれば、イエスは神憑《がか》りした政治＝宗教的運動家であったということになります。今日のイスラム過激主義者のように、暴力革命も辞さない人間だったかもしれない。目的はユダヤ民族の解放です。だからこそローマとその傀儡に危険視されて処刑されたのであると。

しかしその場合、福音書から読み取れる愛の伝道者としてのハト派のイエス像は信者たちの作り話だということになります。反逆罪で死刑になった者を追慕する信仰運動がローマ当局から睨まれないようにするために、首謀者の危険な側面を隠蔽して、愛の伝道師に変えてしまったのであると。

神憑りの政治運動家のイメージと愛の伝道者のイメージを合成することは可能でしょうか？

神憑りであれば、どんな想定でも可能かもしれません。イエスはただ神のご加護だけで何とかなると思っていたので、「敵を愛せ」路線を貫いたのであると、そのように考えることが可能である。

もしそうだとすると、このナイーブさはやはり我々凡人の理解を超えています。

いずれにせよ、なんとでも解釈できそうな話でもあり、どんな解釈も矛盾を抱えていそうな話でもあります。

なにせ古代の話なのです。絶対的証拠は何も残っていません。

イエスの実像よりキリストの神学的理解

というわけで、信仰の一番肝心な点は、歴史上のイエスの生の姿の復元にあるのではなく、霊的なキリスト像に対する神学的理解のほうにこそあるという考え方も出てきます。

実は、キリスト教第一の立役者である聖パウロは、生前のイエスのことを知らずに、またそれを知ろうともせずに、キリスト教の神学を立ち上げてしまいました。

これはすごいことです。

開祖の実像がどうであれ、キリストの神学はある……。

結局、人間にとって大事なのは、ナマの事実ではなく、どう信じたいかであるのかもしれませんね。どう信じるのが人生と世界の解釈として最も積極的・建設的であるのか、が一番の問題である……。

パウロの思想についてはQ38以下をご覧ください。

コラム2 映画で知るキリスト教

Q30 『偉大な生涯の物語』は聖書に忠実なのか?

ジョージ・スティーヴンス監督作品、『偉大な生涯の物語』(一九六五年)は典型的なキリスト映画です。福音書に取材していますが、話を分かりやすくするためにエピソードの細部を変えてあります(フルトン・アワスラーの原作小説があります)。

そもそも四種ある福音書自体が、細部も時系列も相互に違っていますから、四種全部からエピソードを拾って映画をつくろうとすると、どうしても小説的に改変しなければならなくなります。しかも、この映画のように壮麗な作品に仕立てるとなれば、大勢の観客を「感動」させなければなりません。ファンタジーないしメロドラマになるのは必然です。

「感動」という点においてこの作品は成功していると言えるでしょう。観客はキリストとキリスト教に共感と畏敬の念を覚えると思います。

キリストを演じたマックス・フォン・シドーは、スウェーデンの生まれで、同国の映画監督、イングマール・ベルイマンの『第七の封印』（一九五七年）の中で十字軍と黒死病の時代に死神と賭けをした騎士を演じています。なんとなく崇高な感じのする人ですね。

実を言えば、福音書の本質に迫った映画として、『偉大な生涯の物語』の対極にあるピエル・パオロ・パゾリーニの『奇跡の丘』（一九六四年）を紹介しようと思って、このコラムを書きました。

パゾリーニは奇才と呼ばれるだけあって、福音書の作品化にあたってもすぐれた才能を発揮しました。余計な小説的・メロドラマ的な描写を排して、実にそっけない映画をつくったのです。原題『マタイによる福音書』が示している通り、パゾリーニのイエスはマタイによる福音書に書かれた言葉を概ねそのままイタリア語で観客にダダダダと投げかけてきます。

その結果、ほとんどシュールとも言える作品となりました。飾りのない、ストレートな、読者／観客に媚びない作品です。

福音書は近代小説ではない、ということがここから分かるかもしれません。もちろんこういうのはハリウッド映画のようには観客動員できないでしょうけれども。

第三章　キリスト教の教えをめぐるクエスチョン

Q31 キリストとブッダはどう違うのか？

A31 キリストは人と向き合い、ブッダは人の中に見出される、というふうにひとまず押さえておきましょう。

イエス・キリストはキリスト教の開祖、釈迦ブッダは仏教の開祖、という点では、両者は同じような存在だということになるでしょう。

どちらも弟子を取り、後世に教団を遺した。

どちらも有難い教えを説いた。その教えを実践することが信者に求められている。

キリストは愛を、ブッダは慈悲を説いた。

キリスト教徒はキリストを信仰し、仏教徒はブッダに倣《なら》って修行する。

キリストは「神の国」という霊的な世界を開示し、ブッダは悟りの世界である「涅槃《ねはん》」を開示した。

教えの内容に違いはありますが、人類に「仲良く平和に暮らせ」と説いたという点では本質的に大きな差はないように思われます。

漫画『聖☆《セイント》おにいさん』でブッダとイエスが仲良くアパートで暮らしているのは、そういうイメージを反映したものだと言えるでしょう。

しかし、宗教はややこしい世界観と神学的な理屈を背負っているものです。伝統的に説かれてきたそうした理屈を比べてみると、キリスト教と仏教はずいぶん構造が違っているし、従ってキリストの意味付けとブッダの意味付けの間には乖離《かいり》があります。

では、その違いをざっくり説明しましょう。なお、ここでの仏教の説明は、日本仏教の属している大乗仏教のものです。

神学的には大きく異なる

クリスチャンは、イエス・キリストという歴史的人物を通じて《神》を「知り」ました。キリスト教の根本的な構図は、《人間》と《神》との対照です。《神》は人間を造り、導き、《人間》は神を信仰し、救われます。

大事なのは、《人間》と《神》の間にひとまずギャップがあることです。キリストは人間かつ神であるとされることで、このギャップを橋渡ししていますが、それでもやはりギャップが残ります。

「人間を神と崇めてはいけない」という戒めがいつもピリピリ働いているところが、キリスト教などの一神教と、神道や仏教やヒンドゥー教などとの目立った違いということになります

キリスト教の世界観

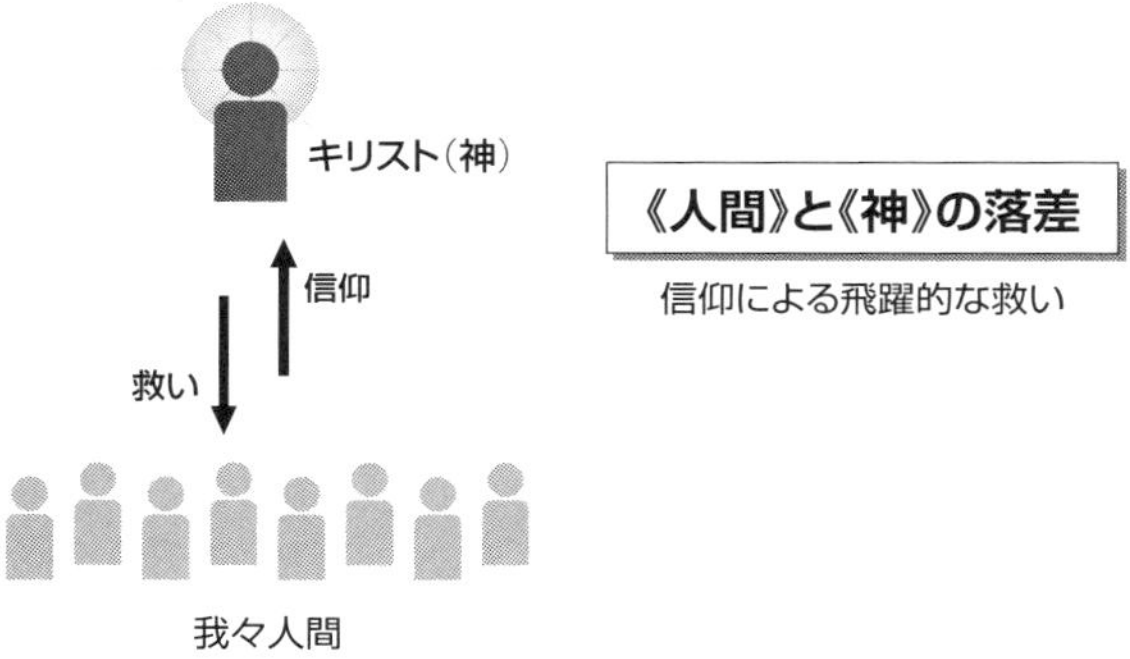

（非信者から見れば「イエスを神と崇める」のだけ例外的にOKというのは妙な感じがしますが、とにかくそういうことになっています）。

では、仏教のほうはどうなっているかと言いますと、まず、釈迦は歴史上ほとんど例外的に《ブッダ》になった存在であるとされます。「例外」というところがキリストに似ています。それでも大乗仏教の解釈では、この「例外」規定は弱くなっています。

つまり、釈迦以外にも《ブッダ》になる道が開かれているのです。

仏教では一般の《人間》（正確に言えば《衆生《しゅじょう》》です。《衆生》はあらゆる生き物を含みます）と《ブッダ》の境界線がユルいのです。《ブッダ》自体が天地創造の神ではなく、一種のスーパーマンのような存在です。

そして、広い宇宙には釈迦以外にも《ブッダ》が大勢いることになっています。薬師如来とか阿弥陀如来とか

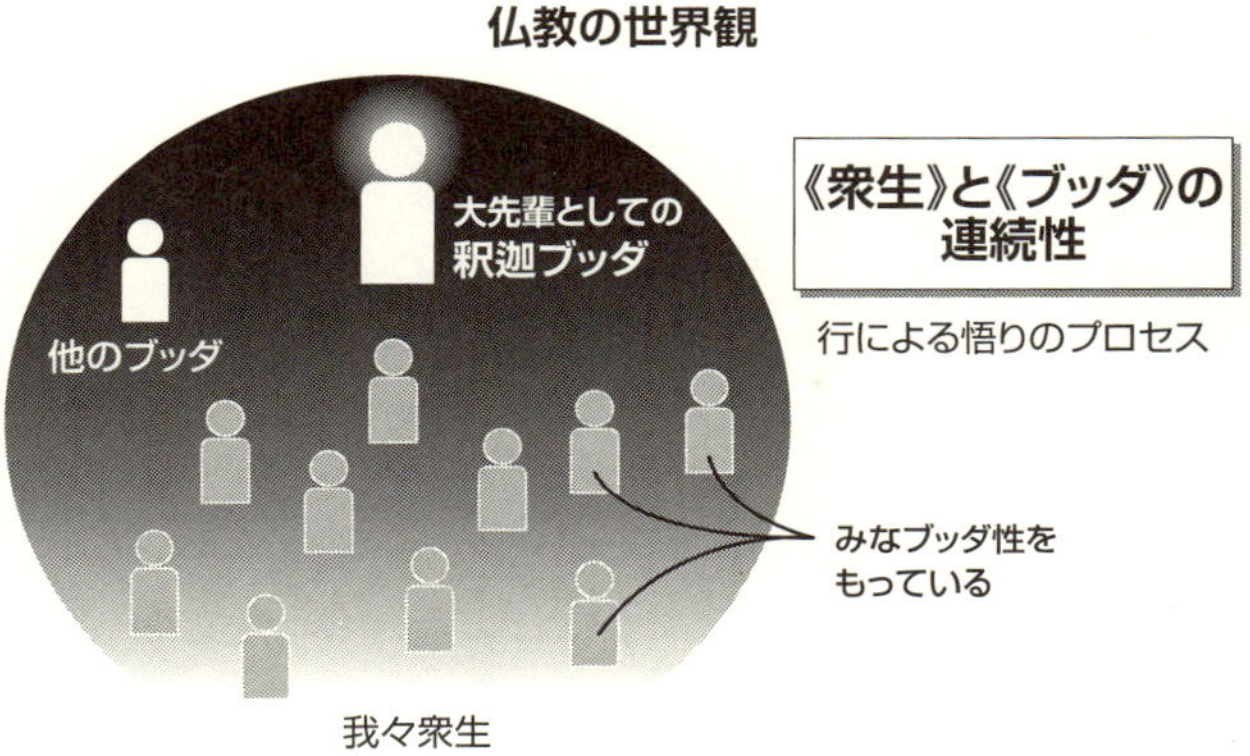

……。「なんとか如来」というのはすべて《ブッダ》（＝仏陀《ぶつだ》、仏）のことです。阿弥陀如来のかわりに阿弥陀仏とも言います。

さらに、実を言えばあらゆる《衆生》が潜在的に《ブッダ》性（＝仏性）を宿していることになっています。あらゆる人間は自己を深く掘り下げるとそこに《ブッダ》を見出すことができるんですね。

というわけで、《衆生》と《ブッダ》は潜在的に溶融しているのに対して、キリスト教の《人間》と《神》は切り離されています。

仏教では、坐禅などの修行を通じて《ブッダ》性を見出すか、阿弥陀仏など大先輩を拝むことで《ブッダ》の救いに与《あずか》らせてもらうかします。

仏教が行（修行）を強調するのは、《衆生》が《ブッダ》化に向かうプロセスを大事にするからであり、キリスト教がキリストへの信仰を強調するのは、《人間》と

《神》とのギャップを強く認識しているからです。

阿弥陀とキリスト

浄土宗や浄土真宗の信者が一心に念仏を唱え阿弥陀の救いを願っている様子は、クリスチャンが一心にキリストに祈りを捧げている姿に似ているので、阿弥陀信仰とキリスト信仰がしばしば比較されてきました。

それでもやはりキリストと阿弥陀とでは様子が違っています。キリストは赦しの神でもあり裁きの神でもあります。悪しき者はキリストによって地獄に堕とされます。

しかし仏教徒が地獄に堕ちるのは「自業自得」にすぎません。阿弥陀は天地創造神ではないので、宇宙の仕組みには責任をもっていないのです。阿弥陀はあくまで宇宙の救いの光明として、信者を救いの安心へと誘うばかりです。

キリストの信者は神との対話を続けますが、阿弥陀の信者は自然《じねん》と救われるのを待ちます。禅の修行者が自然と無の境地に入るのを目指すのに似ています。

Q32 キリストとムハンマドはどう違うのか？

A32 キリスト教徒にとってキリストは神、イスラム教徒にとってムハンマドは預言者。

キリスト教もイスラム教も一神教です。

キリスト教の開祖は歴史上の人物であるイエス・キリストで、イスラム教の開祖は歴史上の人物である預言者ムハンマドです。

ですから、二つの宗教は似たような構造をもっていることになります。

では、キリストとムハンマドの神学的な位置付けも似たようなものだと言えるのでしょうか？

いや、それがどうもやはり、大きく違っているんですね。

まず、第一に、キリスト教においてキリストは神だとされていますが、イスラム教においてムハンマドは預言者だとされています。預言者は神ではありません。あくまで人間です。

イスラム教徒にとって、神はあくまで目に見えない、空間上ここにいると指摘できない存在です。そしてそれをアラビア語でアッラーと呼んでいます。「ザ・神」くらいの意味の言葉です。

こうしたズレについて、次のような面白い捉え方があります。

つまり、こうです。キリスト教では父なる神の意を汲んだ子なる キリスト がこの世に出現し、それを福音書が書き留めています。クリスチャンはこの キリスト とは何ぞやと探究することで信仰の道を歩みます。

他方、イスラム教では神すなわちアッラーの言葉である コーラン がこの世に出現し、その媒介者として預言者ムハンマドがいます。ムスリムはこの コーラン の内容を実践することで信仰の道を歩みます。

ということは、キリストとコーランが似たような位置にあり、福音書と預言者ムハンマドが似たような位置にあるという見方もできるのです。

☑キリスト（神の子）………福音書（神の子について明かすもの）
☑コーラン（神の言葉）……ムハンマド（神の言葉を告げた者）

クリスチャンはキリストを信仰し、ムスリムはコーランの戒律を実践します。信仰か戒律の実践か――この意味合いの違いも、二つの宗教の大きな違いとなっています。

Q33 天使とキリストはどう違うのか？

A33 キリストは神であり、天使はあくまでその神の伝令役に留まる存在です。とはいえ、機能的に類似すると思われていた時代もあるようです。

多神教の世界では、神と神の使いの境界線は曖昧です。『千と千尋の神隠し』において湯屋にやって来る神々は英語ではスピリットと訳されています。英語の感覚では、日本の神々のイメージはそもそも霊に近いものだということでしょう。

一神教では、神とその御使《みつか》い、すなわち天使とは区別されます。天使はまあ、霊のようなものです。

だから、天使とキリストが混同されることはありません。

とはいえ、こうした区別は神学上のタテマエであって、実は昔はキリストと天使は近いものだと思われていた時期もあったと言われています。

聖書の中に「御子《みこ》（＝キリスト）は、天使たちより優れた者となられました」とことさらに強調して書いてあるのは、逆に言えば、天使もキリストもカテゴリー的に似たようなもの（どちらも父なる神に遣わされた者）と捉えられていたからではないかというのです。

天使の種類は意外と多い

そもそも神に仕える者としての天使にはさまざまなイメージがありました。

セラフィム（熾天使《してんし》）というのは、六枚の翼をもつ奇妙な形の天使ですが、神を賛美するのが役割です。「熾」とは「燃え盛る」ということで、神々しい神のパワーを表しているかのようです。

ケルビム（智天使《ちてんし》）はユダヤ教の律法（旧約聖書のエッセンス）を納めた箱の上に狛犬のように造形される天使です。また、預言者が人、獅子、牛、鷲の頭をもった人のような存在の幻想を見たとき、それもケルビムと呼んでいます。なんだか怪物的な感じの天使です。

通常我々のイメージの中にある天使は若く美しい人間のような存在で、二枚の翼をもっています。そうした天使群の中で、一番偉いのが大天使で、聖書にはっきり名前の出てくる者としては、ミカエル、ガブリエル、ラファエルがいます。

ミカエルは天使長であり、甲冑に身をかためた青年のような姿で表されることが多いようです。ガブリエルは、聖母マリアにイエスの受胎を告知して「アヴェ・マリア（おめでとう、マリア）」と言った天使です（イスラム教ではムハンマドにコーランを授けています）。絵ではどうも女性っぽく描いているものが多いですね。ラファエルは、旅の途上のある少年を保護して歩いたというエピソードで知られている天使です（旧約聖書外典『トビト記』）。

天使に性別はありません。男になったり女になったりしますが、あくまで画家の空想の産物です。それどころか、本質的には肉体を超越した存在であるはずです。

さて、伝統的には「天使九階級」と称しまして、上から熾天使、智天使、座天使、主天使、力天使《りきてんし》、能天使、権天使、大天使、天使とくるとされています。しかし座天使から権天使までは神の権能などを象徴した概念ですし、あまり実質がありません。絵にもほとんど描かれない。

大天使がなぜか下のほうに置かれていますが、これはミカエルなどかっこいい天使が拝まれてキリストをないがしろにされたらたまらないからかもしれません。

フランスの海岸にある江の島のようなモン・サン・ミシェルなど、ミカエル信仰の跡を示す教会がヨーロッパ各地に点在しています。

Q34 聖母マリアは神様じゃないのか?

A34 聖母マリアは神ではありません。かなり特別な存在ですけれども。

イエスの母マリア（マリヤ）は世界で一番有名な女性かもしれません。イスラム教の世界でもよく知られていると言います。

『マタイによる福音書』と『ルカによる福音書』の記事では、処女のままイエスを産んでいます。イエスは神の子ですから、その母であるマリアは「神を産んだ母」ということになります。正教会では母マリアを生神女《しょうしんじょ》と呼んでいます。

英語ではアワー・レイディー（我らが貴婦人）、フランス語でノートル・ダム（我らが貴婦人）、イタリア語でマドンナ（我が貴婦人）、日本語で聖母と呼ばれています。

初期の教会にすでに聖母マリアを崇敬する習慣ができていたようです。もともと地中海世界には、イシス（エジプト）、イシュタル（オリエント）、アフロディテ（ギリシャ）、ビーナス（ローマ）のような女神を信仰する伝統がありました。大地母神《だいちぼしん》やら処女神やら美の女神の信仰です。

マリア信仰はそういうものを吸収し、首をすげかえる形で広まっていったもののようです。公式の神学では、聖母はあくまでも人間でしかないのですが、伝統的には特別な地位を授けられていました。

たとえば我々の犯した罪をキリストにお赦しくださいと頼むのはあんまり不躾《ぶしつけ》なので、聖母に「とりなし」をお願いするといった具合です。

というわけで、聖母にはどこか「女神」っぽさが残っています。古代から聖母は「生まれたときから原罪をもたない」と言われてきたのはそのためでしょう。カトリックは一九世紀にこれを教義としました。

Q35 守護聖人とは何か?

A35 クリスチャン個人や、特定の職業、特定の地域や国を守護してくれる聖人です。守護天使もいます。

聖人というのは、極めて敬虔な生活を送ったということで、人々から格別の崇敬を受けている存在のことです。崇敬です。崇拝とか礼拝とか信仰とかいうと神様を拝んでいることになるので、キリスト教では使わない約束です。聖母マリアに対してもやはり崇敬。

聖人はカトリック教会や東方正教会で盛んに認定しています。プロテスタントには聖人崇敬はなく、単に偉人として倫理的鑑《かがみ》とするだけです。

極めて敬虔な生活の最たるものは殉教です。迫害されても信仰を守った、というのは、傍目には痛々しいけれども、信仰的には純粋ということになります。

古代ローマではキリスト教が公認されるまでの間、しょっちゅう迫害が起きていたので、殉教者もたんまりといます。日本でも豊臣秀吉の命令によって殺害された「二十六聖人」が殉教者の範疇に入っています。殉教者の遺骸は、これまた崇敬を集めたりします。

聖人は、何らかの形で縁のある職業、地域、国などを守ってくれるとされます。いわゆる「守護聖人」です。守護天使というのもいます。

よく知られている聖人を三人ほど挙げてみましょう。

たとえば聖ニコラオスは、四世紀の現トルコ地域にいた司教です。子供たちに贈り物をしたり、困っている人を窮地から救う優しい老人というふうに伝承され、やがてサンタクロースとなりました。祝日は一二月六日です。

聖バレンタイン（聖ウァレンティヌス）は三世紀の聖職者で、祝日は二月一四日、バレンタインデーです。この時代に殉教した二人ないし三人の人物の伝承が重なって出来上がった人物像だと推定されています。どういういきさつによるのか、中世には恋人たちのためのお祭りとして聖ウァレンティヌス祭が定着していました。

アッシジのフランチェスコは、中世末期に托鉢《たくはつ》修道会フランシスコ会を創設した人です。映画『ブラザー・サン　シスター・ムーン』の主人公です。清貧を旨とし、小鳥に説教し、体にキリストの磔《はりつけ》の釘跡の傷（聖痕）が現れたとされています。自然保護の聖人となっています。祝日は一〇月四日。

もちろんキリストの弟子や福音書の書き手なども聖人となっています。例を挙げますと……

- ☑聖母マリア……（八月一五日）万人の守護者
- ☑ペトロ……（六月二九日）教会と教皇の守護者
- ☑マタイ……（九月二一日）金融業者・会計士の守護者
- ☑マルコ……（四月二五日）ヴェネチアの守護者
- ☑ルカ……（一〇月一八日）医者・芸術家の守護者
- ☑ヨハネ……（五月六日・一二月二七日）神学者・文筆家の守護者
- ☑パウロ……（六月二九日）靴職人の守護者、雹《ひょう》の害の守護者
- ☑マグダラのマリア……（七月二二日）美容師・調香師の守護者

Q36 偶像崇拝はタブーなのに、なぜキリスト像を拝む？

A36 聖像や聖画を通じての礼拝は偶像崇拝ではないとされています。何をもって偶像崇拝と見なすかは宗教によって違います。

新聞やネットなどで、一神教では偶像崇拝を禁じていると解説しているのをよく見かけますが、一神教徒ならざる一般の日本人には奇妙に思えることでしょう。

神々の像を拝むのが偶像崇拝で、それが駄目なのだとすれば、十字架上のキリストを礼拝するのは、いったい何なのかということになるからです。

江戸時代のキリシタン弾圧で、踏み絵を踏ませるというのがありますが、偶像を崇拝しないのであれば、踏み絵なんか踏んじゃえばいいのではないか？

一般に宗教の戒律というのは「〜してはいけない」と言うものの、禁止と許容の境界線がはっきりしません。

仏教徒は不殺生戒《ふせつしょうかい》を守ると言いますが、小さな虫けらを殺すのはいったいどうなのか？　同じく不殺生戒を守るジャイナ教徒は、虫けらを偶然殺すのも嫌って、農業を避けると言います。実際、ジャイナ教徒には商人が多い。しかし、そのジャイナ教徒だって、顕微鏡レベルの生物、ウィルスなんかのことまで考えてはいられないでしょう。

ユダヤ教徒やイスラム教徒は偶像崇拝禁止を厳格に受け取り、どんな形であれ神様の像を拝むことはありません。イスラム教では絵を描くことまでを禁じているわけではないのですが、それでもモスクの中には壁画なんかないでしょう。だから美術というともっぱら幾何学模様、アラベスクが発達しました。

細密画でムハンマドの生涯を描いたものもありますが、多くはムハンマドの顔を描かないようにしています。日本の天理教ではこれにインスピレーションを受けたのか、教団発行の漫画の教祖物語では、開祖の中山みきの顔を黒く塗った形にしています。

一神教に限らず、最も神聖なものを像に刻まないという発想はあちこちにあります。

だいたい、神道では原則的に神社の中に神像はありません。鏡があるだけです。宝船の七福神なんかは有難く拝まれていますけれども。

仏教でも、初期の仏教美術では、釈迦の位置を空白にするか、法輪のような象徴的なもので置き換えるかしています。

神様の表象は人間の五感と切り離せない

キリスト教の場合、神がかって人間の姿で現れたことになっていますので、「人間イエス」というのが存在していました。だったら、この人間を絵に写し取ることはOKなのではないか、という発想が自然に生まれます。

かくしてキリスト像が誕生します。

しかし、その像を礼拝するのはいいのであろうか？

いいのであると。

そもそも偶像崇拝禁止の趣意は、像が描かれた・刻まれた物品そのものをカミサマと思ってはいけないということなので、そのあたりをちゃんと理解した上で、像を機縁として祈るのであれば、それはいい。

人間は視覚的な動物なので、視覚的な道具を機縁として祈るのは体の構造から言って自然なのかもしれません。

そもそも、祈りの文句の中で神様が「天にいる」とされているのも、精神をつかさどる頭が上についている人体の構造に応じた一種のレトリックです。神様は本来空間の上下とは無関係の存在です。

神様の表象はどうしても人間の五感の在り方と切り離せないようです。

キリスト教では昔からじゃかすか聖画や聖像をつくって教会堂を飾っています。東方正教会の世界では聖画はイコンと呼ばれ、教会堂の内部正面にはイコンをダーッと並べたギャラリーのような壁が構築されています。

面白いのはこの東方のイコンは通常、立体性のない古拙《こせつ》な描き方をします。スタイルは仏像のように定まっています。立体性が出てくると俗になる。俗になるということは、偶像崇拝の疑いが出てくるということになります。

そのあたりは、結局、宗派ごとの解釈の問題です。

問題は人間と人間の産物を拝むこと

偶像崇拝禁止の趣意は、唯一の神のみを信仰せよということです。絵や彫像の問題などはたいした問題ではなく、むしろ、たとえば「お金を拝む」とか「王や大統領を拝む」とか「アイドルを拝む」とかいったほうがヤバイのです。

つまり、経済、政治、芸能などの信仰が一番ヤバイ。

そもそもアイドルというのは「偶像」を意味する英語です。人間や人間の文化を拝んではいけない。芸能であれ、スポーツであれ、ノーベル賞であれ、ビジネスであれ、能力の高い人間や、その能力の産物を「拝んで」はいけない。

こっちのほうが本質的な問題でしょう。

仏教的には、偶像崇拝禁止は「諸行無常（あらゆるものは変化する）」や「諸法無我（あらゆるものに実体はない）」に相当すると思われます。あるいは「色即是空（物品はカラッポである）」に。

Q37 正教会のイコン（聖画）はなぜ童画調に描かれるのか？

A37 定まった形式を遵守することで中世以来の古拙な描き方を続けています。仏画が立体性のない古拙な描き方をよしとしているのに似ているかもしれません。

美術大全集で確かめると、古い時代の聖画のほうが描き方が流動的ですが、時代とともにスタイルが確定し、同じパターンの絵を踏襲するようになったようです。独立のタブローの他に、壁画（フレスコ画やモザイク）にされたり、聖書などの写本に絵の具で描かれたりします。

イコンとしては、キリスト（日本の正教会ではロシア式にハリストスと呼ぶ）、聖母マリア（正教会では生神女と呼ぶ）、使徒、聖人、天使などの正面画が描かれるほか、キリストやマリアの生涯の重要場面（降誕、エルサレム入城、磔刑《たつけい》、復活など）などが描かれます。

また、キリストの描き方も、いくつか類型があります。手にもった聖書を開いてこちらに教えを垂れているような半身像、玉座に坐っている「全能者」としての全身像、顔だけのドアップなど。

マリアのほうは、左腕に抱いた幼子イエスを右手で指し示している半身像、幼子イエスにキスしている姿、胸の位置に象徴的にイエスが描かれ、両手を開いて天に祈る形をとった半身像、横向きに立った姿勢で神イエスに人間をとりなしている姿、などです。

所作や持ち物やその他の象徴物の意味付けが定まっているので、どうしてもスタイルが定まることになります。

西のカトリック世界は面白いことに、中世のロマネスクやゴシックの時代にすでにどんどんと描き方が進化していき、次第に映像的リアリティを増していきます。西側ではもともと彫刻やレリーフもしばしばつくっていたので、立体性に関してはどんどん技を磨いていったようです。ルネサンスの頃には画家の個人的な工夫が目立つようになり、マニエリスム、バロックと経るうちに、なんだか聖画だか世俗の人物画だか分からなくなっていきました。

どうもこう、画家が個性を発揮していくと、聖なるものを描こうとしているのか、自分の技量を見せつけようとしているのか、境界線がはっきりしなくなるようです。

それもまた一興、それもまたスピリチュアリティでしょう。ともあれ、東方ではそういう個性化は避けるという方針が貫かれています。

東方の霊性を示すものとして有名なイコンですが、かつて八〜九世紀には、ビザンツ皇帝の命令でイコン破壊が行なわれたこともあります。一つには隣に接するイスラム圏の偶像崇拝批判が影響したもののようです。

こういう緊張関係の中でイコンはバランスを取っているという言い方もできるかもしれませ

ん。

Q38 パウロはイエスに興味がなかった？

A38 イエスの孫弟子世代であるパウロは、キリストの神学を構築した立役者ですが、彼がイエスの生涯のディテールに言及していないのは事実です。

パウロとはいったい何者でしょうか？

実は新約聖書に含まれる文書の中で、最初に書かれたのはパウロの手紙類です。イエス自身は書き物を遺していません。イエスが西暦三〇年に殺害され、五〇年代頃に布教活動を行なっていたパウロが各地の信徒に手紙を書きまくりました。『テサロニケの信徒への手紙』『ガラテヤの信徒への手紙』『コリントの信徒への手紙』『ローマの信徒への手紙』などです。そして六〇年代か七〇年代になって最初の福音書『マルコによる福音書』が書かれました。

というわけで、キリスト教の最初の文書を書いたのはパウロであり、彼がその中でキリストの死をめぐる神学を展開したのちに、別の人が「開祖の伝記が必要だなあ」と気づいて、福音書をなんとか書き上げた、という順序になっています。

パウロ自身は決して主流派ではありませんでした。そもそも直弟子ですらない。直弟子のほうでは胡散臭《うさんくさ》く思っていたふしもあります。

そりゃあそうでしょう。パウロは転向者だったからです。

初めのうちパウロは教養ある敬虔なユダヤ教徒として、イエスの信者たちを迫害して回っていました。「死んで復活した」なんて触れ回っているカルト集団が許せなかったのでしょう。

しかるにある日突然、回心します（Q67参照）。回心《コンヴァージョン》とは転向《コンヴァージョン》のことです。

パウロは今度は筋金入りのイエス信者になり、東地中海各地を訪れてはがんがんと布教して歩くようになりました。回心のビフォーでもアフターでも情熱的な人だったんですね。こういうのを敵に回すと怖いと思います。

パウロは五〇年代にあちこちに情熱あふれる激励の手紙を送り（その手紙は回覧され、コピーされました）、最後に首都ローマに乗り込んだところで、迫害にあって殉教しています。

パウロの功績は、キリストの死と復活についてかっちりとした神学をつくり上げたことです。それは、イエスの救世主としての活動を、ユダヤ教内部の改革運動としてではなく、世界全体の人間に救いをもたらすものとして解釈したものです。

ユダヤ教から「人類教」へ

イエス信仰は初めのうちはユダヤ教の内部の運動でした。しかるに西暦六六〜七〇年にユダヤ人がローマに対して反乱を起こします。ローマはエルサレムを完璧に破壊し、ユダヤ人は蹴散らされてしまいました。エルサレムにいたイエス信者たちも一掃されてしまいました。

これ以降、キリスト教徒はユダヤ教とはっきり距離を置くようになります。意地悪い見方をすれば、帝国当局に睨まれたユダヤ教徒とは「違う」ということを示したかった——国家に阿《おもね》った——のだということになります。

キリスト教はユダヤ教の一派ではなく、「人類教」なのだ。人類として罪を懺悔し、人類として愛を実践し、政治運動はせず、霊の次元での救いを求めるのだ……。

そしてその際、パウロが遺していた手紙類が教会の新たな指針として注目を浴びるようになりました。

Q39 なぜ最初の人間アダムの罪が我々に関係があるのか？

A39 神話は「今」を表すものです。アダムが禁断の実を食べたように、今のあなたも「禁断の実」を食べようとしているのでは？

アダムとエバ（イヴ）の神話は有名ですよね。旧約聖書の創世記にある神話です。神は天地を創造してからアダムという男を造った。そしてエバという女も造った。二人はエデンの園に暮らしていた。満ち足りた楽園生活です。

しかし、アダムとエバはここで失敗をやらかします。エデンの園の中央にある知恵の木の実をもいで食べてしまったんですね。実は「そこから食べてはいけない」と神に念を押されていたのです。

駄目と言われたらやってみたくなるのが人間の常であるのか、アダムとエバは神の言いつけに背いて実を食べてしまった。この約束違反のゆえに、二人は楽園を追放されます。二人は我々人類の先祖だとされるのですが、以来、人類は楽園に暮らせない状態になっています。

ご先祖の罪のゆえに、我々は常に労苦しなければならないのです。

——ということなのですが、これを先祖の罪の「遺伝」のように考えてしまうと、なんだかさっぱり分からなくなります。だいたい罪だの業《ごう》だのがDNAに載って遺伝するわけはない。

そもそもアダムとエバの物語は「神話」でしょう。天地創造の物語もそうですが、歴史の事実ではない。

神話というのは、そもそも先祖の話をするものです。「神の話」が神話というわけではなくて、基本的に、「ご先祖がこれこれこういうことをやったから、今の我々はこうなんだ」という話をするのが神話です。

物事の起源を描くことで、その物事の意味合いを教えるのです。

たとえば、ギリシャ神話によれば、文化英雄プロメテウスが主神ゼウスの言いつけに背いて火を盗んだから、人類は火を手にした。これはすなわち、火の操作はたいへんな技術であり、技術というのは神々が心配するくらいヤバイものなのだ、ということです。火はテクノロジーの象徴でも、戦争の象徴でもあります。

人類の先祖アダムとエバも神の言いつけを守りませんでしたが、これもやはり、我々人類が常に神の言いつけに背く傾向をもっているということでしょう。

神というのは正義の規準を表す究極概念です。従って、神に背くというのは、人間が正義を外れて自分勝手をやってしまうことの象徴表現だということになります。

仏教では人間が常に煩悩のもとにあると見ていますが、これに相当するキリスト教の概念は「罪」です。罪とは、神様の意向から外れてしまうことです。

そしてそれが人間の最初からの性向だということで、人間にはオリジナルの罪、原罪があるという言い方をします。

誰だって今の社会が「楽園」だとは思わないでしょう。将来、地球が「楽園」化するとも考えられないでしょう。人間関係の不正義、労働をめぐる不正義、環境破壊という不正義、そういうものを絶えず生み出す者として人間は存在している。

こうしたシリアスな人間観が、オリジナルの罪という観念を生み出したのだと考えることができます。

Q40 「アダムの反対がキリスト」とはどういう意味か？

A40 パウロの発想では、アダムとキリストが対概念をなしています。アダムにより罪と死が訪れ、キリストにより罪と死が終わるというのです。

アダム以来、人間に罪が入り込んだという神話も印象的ですが、その罪をキリストが帳消しにしてくれたというのもなかなかのものです。

キリストの神学を打ち立てたパウロの世界観では、アダムとキリストが対になっています。

一人の人〔＝アダム〕の不従順によって多くの人が罪人とされたように、一人〔＝キリスト〕の従順によって多くの人が正しい者とされるのです。（『ローマの信徒への手紙』五

章）

ご先祖の失敗が人間の原罪の窮状を表現するというのは、Q39で述べたように典型的な神話の思考ですが、キリストにより罪が帳消しになるというのも同様の思考法によります。罪というのは神からの離反ですが、このたび神との和解が成立したということです。

こういう発想は、現代でもファンタジーの世界に生きています。

たとえばジブリアニメ『崖の上のポニョ』では、五歳の男の子宗介が金魚姫ポニョを受け入れるというのがラストのシーンでした。かくして自然（海や生命力）と人間との和解が成立し、狂った時空がこれで元に戻りました。

宮崎駿はどちらかというと自然崇拝型の思考の持ち主なので、神と人間との和解ではなく、自然と人間との和解という形になっています。

自然は『千と千尋の神隠し』では「八百万《やおよろず》の神々」として描かれています。『もののけ姫』ではシシ神、『風の谷のナウシカ』では王蟲《オーム》と腐海《ふかい》ですね。

誰かの象徴的行動が世界全体の運命を変えるというのは、実は儀礼のロジックでもあります。つまりキリストは儀礼の祭司でもある。聖書にも「偉大な大祭司、神の子イエス」と書かれています（『ヘブライ人への手紙』第四章）。

キリストとクリスチャンは死をも乗り越える

というわけで、キリスト教の思想の肝心なところは、神話や儀礼の発想法になじんでいないとピンとこないということになります。

キリストの儀礼においては、人間は死をも乗り越えます。これもまたアダムとの対比の中で語られます。

　アダムによってすべての人が死ぬことになったように、キリストによってすべての人が生かされることになるのです。（『コリントの信徒への手紙（一）』一五章）

儀礼と言えばクリスチャンになる洗礼式も儀礼です。パウロによれば、洗礼を受けるというのは、キリストといっしょに象徴的に死んで復活することであるようです。

　わたしたちは洗礼によってキリストと共に葬られ、その死にあずかるものとなりました。……もし、わたしたちがキリストと一体になってその死の姿にあやかるならば、その復活の姿にもあやかれるでしょう。（『ローマの信徒への手紙』六章）

さらには、人間はやがてやって来る終末の日に復活することにもなるようです。

終末については、Q44をご覧ください。

Q41 「キリストを信仰する」とはどういう意味か？

A41 キリストの「信仰」というのは案外「忠義」に近いものだと言われています。

「キリストを信仰する」というのは、「1＋1＝2だと信じる」のような数理的な認識とも、「真犯人は容疑者とは別人だと信じる」のような事実関係の判断とも、「明日は晴れだと信じる」のような未来の予想とも異なっています。

むしろ「私はお母さんを信じる」とか「私は自分の子供を信じる」のような人格への信頼のほうに近いように思われます。

しかし、信仰のポイントは、信頼というよりも、追慕や追悼に近いものかもしれません。

たとえば戦没者慰霊碑の前に立って祈るとします。それは、戦死者の犠牲のもとに今日の我々の人生が成り立っているということを痛切に感じるということです。

そうした犠牲を払ってくれたことに感謝する。

そうした犠牲を払わざるを得なかったことを悼む。

そんな戦争を起こしてしまう人間の愚かさを改めて思い起こす。

その愚かさを今の自分ももっているのだと思って、いたたまれなくなる……。

このように感謝と悼みと反省と恐縮のようなものが、追悼の中にあります。

そしてキリスト信仰というのは、「キリストが自分の罪を肩代わりして死んでくれたことに痛み入る」という要素をもっているのですから、こうした追悼に近いわけです。

それはまた、サムライが殿様に忠節を誓うとか、忠義とかいうのとも近いでしょう。というのは、人間はキリストに恩義があるとされているからです。キリストを信じないのは、そりゃあたいへんな「不義理」になります。

いくさの場で救ってくれた命の恩人に、一生足を向けて寝られない。これが忠節です。クリスチャンはキリストに一生足を向けて寝られない……。

宗教を信じる動機はさまざま

キリスト教では、とにもかくにも信者の心の中の構造を「キリスト中心」に再編成するように教理自体が出来上がっています。そういう心の構造がまあ、「信仰」ということになります。ただしこれは、教団としての公式の教理ということであり、キリストの救いを求めて教会にやって来る信者さんたちそれぞれはさまざまに違ったレベルの「信仰」を併せもっている可能性が高いでしょう。

つまり人間のさまざまな「救い」への欲求の種類の数だけ「信仰」の種類があるということです。

たとえば、キリストを信じれば病気が治る、という「救い」。

キリストを信じれば開運して金持ちになれる、という「救い」。

キリスト教会にいればみんなが親切にしてくれる、という「救い」。

キリスト教徒というアイデンティティ確保や身分保障が有難い、という「救い」。

こういったさまざまな「救い」を求める心のベクトルもまた「信仰」ということになります。

それは他の宗教の場合も同じです。仏教でもイスラム教でも新宗教でも、「救い」と「信仰」には

☑マジカルな救い／信仰……病気治しや招福除災

☑社会的な救い／信仰………救貧や社会的保護

☑神学的な救い／信仰……神や仏の世界観の修得

といった多様な次元があり、それらが共同し、部分的に矛盾し合いながら、信仰世界を形づくっています。

Q42 「主の祈り」とは何か？

A42 「天にまします我らの父よ……」から始まるキリスト教定番の祈りです。

これはキリスト教徒の標準的な祈りです。『マタイによる福音書』の山上の垂訓《すいくん》（↓Q23）の中でイエス自身が祈りの見本として唱えてみせています。『ルカによる福音書』にも同様の祈りが書かれていますが、こちらのほうが短い。いずれにせよ、伝承ですから、歴史上のイエスが逐一同じ文句で祈ってみせたかどうかは分かりません。

全文を引用しましょう。

天におられるわたしたちの父よ、御名《みな》が崇められますように。
御国が来ますように。
御心が行われますように、天におけるように地の上にも。
わたしたちに必要な糧を今日《きょう》与えてください。
わたしたちの負い目を赦してください、
わたしたちも自分に負い目のある人を赦しましたように。
わたしたちを誘惑に遭わせず、悪い者から救ってください。

文語では「天にいます我らの父よ……」「天にましますの我らの父よ……」のように唱えられました。

祈りのポイントは、前半で神様の「御名」「御国」「御心」に訴えているように、この世界が「神様中心」であることを肝に銘じることとです。

「糧（パン）」をどうやって手に入れようかというのも、結局は神様次第なのであると。

「負い目（罪）」や「誘惑」のことも言っていますが、これはもう、祈りというか、誓いに近いかもしれません。「私は他人を責めません」「私は誘惑に負けません」と……。

Q43 死後の世界はどうなっているのか?

A43 死後は神の審判を受けて、天国か地獄に行くことになっていますが、そのあたりはかなり複雑であり、時代によっても宗派によっても違います。

マスコミは記事の見出しなどに常套句を使うものですが、その一つに「天国へ旅立つ」とか「天国で見守る」というのがあります。

「天国へ旅立ったお母さん」とか「天国で見守っているお兄さん」とか。

日本人の大半がお寺の檀家ないし神社の氏子であるというのに、どうもこの「天国」というのは宗教フリーの来世の呼び名になっているらしく、黙っているとデフォルトで「天国に行く」ことにされるようです。

日本人の多くがチャペル式で結婚式を挙げる時代ですから、死んだ先も「天国」がいいのかもしれません。

それはともかく、マスコミでは、来世と言えば「天国」ということになっていて、ここで「地獄」などと縁起の悪いことを書くことはありません。

面白いのは、実は欧米のクリスチャンも、最近は、「地獄」行きの懸念抜きで、かなりの人が自分は「天国」に行けるものと思っているらしいのです。

洋の東西を問わず、来世から地獄が抜け落ちて、みんな天国か極楽のようなところに行くようになったらしいんですね。

地獄という未知の恐怖

しかし、欧米でも日本でも、来世の話と言えばほとんど地獄堕ちの心配で埋めつくされていた時代もあったのです。

仏教の公式の教えでは、あなたの死後は地獄・餓鬼・畜生・阿修羅《あしゅら》・人・天の六つから選ばれることになっています。地獄も餓鬼も畜生も阿修羅もあんまりいい感じはしませんね。いや、はっきり言って嫌でしょう。

同様に、キリスト教の公式の教えでは、人は死んだらキリストの裁きを受けて、天国か地獄に割り振られます。

昔のお寺には「地獄」を描いた図などが飾ってありました。教会堂の壁画などにも、キリストの右側の者たちが天へと上昇し、左側の者たちが地獄の釜へと転落する様子が描かれていました。

さてしかし、死後に裁きを受けて（究極的に）天国／地獄に振り分けられるという点では、どの教会の意見も一致しているのですが、もっと詳しい話となると、時代ごと、教派ごとに意見が変わります。

それは一つには、(個人の)死後とは別に、(世界の)終末の話が絡んでくるからです。神の審判も死後と終末の二段階になります。

もう一つは、天国/地獄の二分法だけではいささか極端すぎるので、中間に煉獄《れんごく》というものがあるとする教派もあるからです。

終末についてはQ44を、煉獄についてはQ45をご覧ください。

Q44 終末とは何か?

A44 一神教では、世界には始まり(天地創造)があるように、終わり(終末)もあると考えています。世界が終わるとき、神はそれまでの時代のすべての人間の生きざまを審判するとされます。

ユダヤ教、キリスト教、イスラム教という三つの一神教は、いずれも終末論をもっています。終末のときに死者が甦り、そこで神の審判を受けます。キリスト教であればキリストが審判者になります。そして善人は天国（イスラム教では楽園と呼ばれている）に行き、悪人は地獄（イスラム教では火獄《かごく》です）に行くとされています。

そもそも一神教では神が天地を創造したと考えていますから、その神が世界を終わらせるということで、帳尻が合っているとも言えます。

もし天地創造が「世界の主人は神だぞ」ということのドラマチックな表現なのだとしたら、終末も同じことの別様の表現だと受け取ることが可能でしょう。

終末において人間が神に生きざまをチェックされる（審判される）のもまた、当然の思考の流れだということになります。

もっとも、一神教の信者は、天地創造や終末を完全に道徳的な隠喩だというふうには考えていません。つまり、物理的な意味で世界はどこかの時点で始まったのであろうし、どこかの時点で世の終わりが来るのだろうと思っているわけです。

終末を待望していた最初期のクリスチャン

紀元前のある段階で、終末論がユダヤ教徒の想像力を捉えました。ユダヤ民族は神の掟を守る特別な民であったはずなのに、社会は堕落する、異国は攻めてくる、ロクなことが起きないので、神様が決着をつけてくれることを願うようになったのです。

救世主（メシア）の待望というのはそうした気分の中で盛り上がっていった思想です。さて、そのメシア＝キリストが実はナザレのイエスであったと思う人たちがつくったのがキリスト教です。

しかしイエスは殺されてしまった。では、終末のほうはどうなるのか？

最初期のクリスチャンは、文字通り物理的な意味で「もうすぐ終末が来る」と思っていました。イエスは死んで復活して昇天して現在は天で待機中である。しかし、今にも再来する。

というわけで、パウロは、イエスが死んで二十数年ほどの時点で、次のように書いています。

……合図の号令がかかり、大天使の声が聞こえて、神のラッパが鳴り響くと、主御自身が天から降って来られます。すると、キリストに結ばれて死んだ人たちが、まず最初に復活し、それから、わたしたち生き残っている者が、空中で主と出会うために、彼らと一緒に雲に包まれて引き上げられます。（『テサロニケの信徒への手紙（一）』四章）

最初期のクリスチャンは、自分たちが生きている間にキリストが再来して、終末が来ると信じていたわけです。

その際、死んだ人がゾンビのように復活することになっています。人間は死んだあと復活して、みんなでまるごと天に昇ってキリストとともに暮らすようになると思っていたんですね。

なお、新約聖書に含まれている『ヨハネの黙示録』などを読みますと、終末の際にはとんでもない天変地異が続き、ややこしいプロセスを経たあとで、キリストによる審判が行なわれ、救われる者と滅びる者とが決定されることになっています。

さてしかし、クリスチャンたちは延々と終末の日を待ち続けていたのですが、終末はなかなかやって来ません。

戦争とか、迫害とか、事あるごとに今度こそと思い続けていた。それでも世の中は終わりませんでした。

やがて終末気分は遠のいていき、古代のクリスチャンも、むしろ一般社会の中でどう暮らしていくかに心を砕くようになりました。また教会の組織化に力を注ぎ、司祭のシステムをつくり、三位一体の教理も完成させ、信仰箇条をとりまとめ、あれこれの文書を取捨選択して正式の教典『新約聖書』を編纂しました。

心の戒めとも捉えられる

終末とは未来のビジョンであり、未来というのは実は心の中にしかありませんから、あらゆる終末論は「心構え」の問題だと言うことができます。

イエスは次のように言っていました。

「その日、その時は、だれも知らない。天使たちも子も知らない。ただ、父だけがご存じである。……だから、目を覚ましていなさい。……人の子は思いがけない時に来るからである」（『マタイによる福音書』二四章）

「人の子」とは終末に現れるキリストのことだと解釈されています。
というわけで、終末のビジョンは「いつ神の裁きを受けるかも分からないから、清く正しい生活を送っていよう」という戒めとセットになります。

同じことは、「世の終末」ばかりでなく「個人の死」についても言えます。いつお迎えが来るか分からないから身を引き締めておけ、と。

一神教においては終末論と個人の死の問題がいつも重なっています。「死んで神のお裁きを受ける」というビジョンは死後の出来事と終末後の出来事にダブってイメージされています。なかなかややこしいものです。

Q45 煉獄とは何か?

A45 中世後期にカトリック教会が採用した教義です。人間のほとんどは死後にすぐ天国・地獄に割り振られるのではなく、改悛の行を行なう空間に行く。その空間が煉獄です。

死者の行方に関しては色々と分からないことが多いのですが、最終審判前の行き場がとくに曖昧です。それでも、死者は死後すぐに天国や地獄に行くのではないかと考えられてきました。

しかし、中世後期になると、天国/地獄の二分法では足りないと思う人が増えてきたらしく、カトリック教会は天国と地獄の間に「煉獄」なるものを設けました。

百パーセントの善人なら天国に行くだろう。百パーセントの悪人なら地獄に堕ちるだろう。だけど、大半の人間は善悪に関してどっちつかずであるから、中間のスペースに行って、そこで生前の罪に応じて改悛して暮らすことになる……と、人々は想像したのです。

改悛の末、身が清められたら天国に向かうことになります。

言い換えれば、人間は死後にもチャンスがある。いわば人生は修行であり、死後も修行は続き、修行の果てにようやく神に認められる存在になる、というわけです。

この煉獄の思想は、ある意味で仏教の修行の思想(修行して成仏する)に似ています。また、輪廻《りんね》の思想にも似ています（人間は幾度も輪廻を繰り返して、地獄の火などでも浄化されて、ゆくゆくは成仏する）。

煉獄思想の誕生は、中世後期におけるヨーロッパ社会の成熟と関係があると捉える人もいます（ジャック・ル・ゴッフ『煉獄の誕生』）。社会が複雑になり、王侯貴族と農民ばかりでなく都市の商人のライフスタイルが充実してくるにつれ、なんでも二分法で考えるのではなく、中間を意識して暮らすようになったというのです。

もとはといえば、天国／地獄の二分法は終末思想と関係があります。今すぐに世界が終わるというときには、社会なんてどうでもよくなる。人はひたすら霊的にサバイバルすることを望むようになります。生き残るか滅びるか、白か黒か、丁か半か、ほとんどバクチ打ちの心境です。

ダンテの『神曲』は煉獄のイメージを具体化した

煉獄は理論としては登場しても、具体的なイメージはなかなかつかみ難かった。ここにダンテが登場して『神曲』を書きます。これは「地獄篇」「煉獄篇」「天国篇」から成る長大な叙事詩です。

ダンテのイメージでは、地獄はエルサレムの地下に地球の中心まで広がっています。地球の中心には堕天使ルシファー（悪魔、サタンの統領）がいてユダをぼりぼり食っています。そこを抜けて南側の半球に出ますと、大海原の真中に煉獄山がそびえています。そこの各層で人は生前の罪に応じて苦しい修行を課せられています。

苦しいけれども煉獄には希望があります。地獄には希望がない。煉獄にはある。というのは、煉獄組の亡者たちは上昇の末に天国に行けるからです。

天国はすなわち天界であり、天動説に従って配列されている月や惑星や太陽がそのまま天国の何丁目ということになります。そして恒星天の外の外に三位一体の神がいる……。

ダンテ以来有名になった煉獄ですが、プロテスタント宗教改革が起こったときに批判にさらされまして、プロテスタント各派はこの説を採用していません。

カトリックでは今でも煉獄説を採っています。

Q46 七つの大罪とは何か?

A46 高慢、物欲、色欲、嫉妬、貪食《どんしょく》、憤怒、怠惰の七つです。殺人や姦通などの「大罪」そのものではなく、むしろ人間を罪に引っ張っていく欲望を整理したものです。

「七つの罪源」という言い方もありますが、こちらのほうが誤解がなさそうです。「罪の源」とはつまり、人間を罪に導く原因としての欲望のことです。

それが七種類ある。

仏教ですと煩悩が百八つある。百八つというのは形式的な数字でたいして意味がなく、むしろ貪瞋痴《とんじんち》の三毒のほうが大事でしょう。貪はむさぼり、瞋は怒り、痴は愚かさ――これが人間の悪い業になります。

他方、キリスト教で言う、人間を悪い方向に導く七つの要素とは、高慢、物欲、色欲、嫉妬、貪食、憤怒、怠惰です。これは経験的に整理されてできた概念であり、七つという数そのものにはたいした意味はないみたいです。

この七つの罪源を画家ボッシュが描いた絵を見ると、なかなか面白い。

高慢……部屋の中で女の人が鏡を見ています。「私って美人」と思っているのでしょう。鏡を差し出しているのは悪魔さん。

物欲……判事が賄賂を受け取って、訴訟を起こした人間とつるんでいます。

色欲……二組の男女が道化を伴ってピクニック中。こんなんでも好色と見なされたんですね。

嫉妬……金持ちをうらやましそうに見やる夫婦。その娘は別の人物の財布を見ている。二匹の犬が骨をめぐって睨み合う、という構図です。

貪食……部屋で肉を食らったり酒を飲んだりしているのですが、今日の規準ではたいしたことなさそうです。

憤怒……外で二人の男が大喧嘩。ナイフを振りかざしたり、椅子のようなものを頭からかぶったり。

怠惰……椅子で眠りこける男。夢の中にロザリオ（数珠）をもった尼僧姿の寓意像「信仰」が現れ、礼拝に行くように諭しています。

大罪と小罪

ちなみに大罪というのは、絶対に悪いことだと百も承知で行なう重大違反（一般には殺人、姦淫、棄教など）に伴う罪です。いわば神様への謀反です。

小罪とは、神に背くつもりはないのに、やってしまった罪のこと。

何が大罪で何が小罪かとリストアップされるようなものではなく、ポイントは当事者の意識にあるとされます。

Q47 悪魔とはどんな存在か?

A47 神の誹謗《ひぼう》者、人間の誘惑者、悪霊たちの支配者、といったあたりです。

聖書の世界には、人間に病気や災厄をもたらす悪霊（デーモン）の類《たぐい》がいっぱい出てきます。イエスが病気治しで、悪霊を祓《はら》ったりします。で、そうした邪悪な霊の頂点に立つ存在として悪魔（サタン、デヴィル）なる存在があるとされます。

こうした悪の組織（？）みたいなのがあって、人間にさまざまにチョッカイを出しては、罪へと招くわけです。

人を裏切るのも、ウソをついたり人殺しをやったりするのも、悪魔の囁きによる。

美術の世界では鉤爪《かぎづめ》をもっており、尻尾が生えており、角と牙と蝙蝠《こうもり》の翼がある、おなじみの姿（虫歯の「バイキン」の大将みたいな姿）で描かれます。また、蛇や竜のイメージもあります。

聖書の『創世記』では、エデンの園のエバに禁断の実を食べろと蛇が勧めていますが、これもサタンだとされます。『ヨハネの黙示録』では竜になって登場します。

なお、「ルシファー（明けの明星）」が天から落ちたという記述が聖書にあるのですが、これは天使が堕落して悪魔になったことを述べたものだとされています。そのため、悪魔は堕天使とかルシファーとかと呼ばれるようになりました。

悪魔については、伝統的には（天使と並んで）完全に実在の魔物だと思われてきましたし、今でも保守的な信者はそう思っているはずですが、現在では一般的には人間心理の文学的比喩のようなものだと思われているようです。

仏典にも悪魔（マーラとかパーピーヤスとかと呼ばれる）が登場し、釈迦の悟りの妨害をしたりします。これも文献によって登場する場面が異なっており、仏典の書き手の文学的想像力の産物であることが明らかです。

なお、今日でもカトリックでは「悪魔祓い」の儀礼（エクソシズム）を行なうことがあります。司祭が祈って十字を切ったり聖水を注いだりする儀礼です。

コラム3　映画で知るキリスト教

Q48 『最後の誘惑』でイエスとパウロはなぜ言い争うのか？

ニコス・カザンザキス原作、マーティン・スコセッシ監督作品、『最後の誘惑』（一九八八年）は、キリストを扱った映画としてはかなり変則的なものです。福音書の内容と大きく異なるばかりでなく、歴史的に妥当と思われる推定のイエス像とも無関係の、相当に捻りの利いた神学的ファンタジーです。

イエスは十字架を背負って死ぬというたいへんな仕事を引き受けました。伝統的なイエス像では、神であるイエスが最初からこのシナリオを理解していることになっています。

しかしこの作品のイエスは、自分に暗示を送る神の真意を探り当てようと、もがき続けます。十字架の幻影に取りつかれた姿で登場し、やがて愛を説くようになり、次に戦いのモードに入り、ついに自己犠牲の奥義を悟ります。

イエスの試行錯誤はさらに続き、彼は十字架刑を生き延びて普通の人間として生活します。イエスがマグダラのマリアと結婚するというスキャンダラスな点が注目を浴びましたが、むしろ興味深いのは、イエスが自分の死後の宣教者であるパウロに出遭うシーンです。

パウロは民衆の前で、人類の罪のために死んだキリストについて説いています。死んでいないイエスは彼を嘘つき呼ばわりします。まるで喧嘩です。

このシーンの真意はどのあたりにあるのでしょうか？

二〇世紀になって、人々の思い描くイエス像は次第に「人間」化されていきました。贖罪は神話ということになりました。リベラルな信者や無神論者は、愛を説いたイエスを讃える一方で、キリストの神学を確立したパウロを権威主義者と見なすようになりました。『最後の誘惑』のイエスとパウロの対立は、この現代的なパウロ観を支持しているかに見えます。

しかしよく考えてみると、ここには捻りがあります。というのは、ここでパウロを嘘つき呼ばわりしているイエスは、悪魔の「最後の誘惑」が呼び起こしたパラレルワールドの存在だからです。

奥が深い！　やはりパウロなくしてキリストの人生は完成しないんですね。

第四章

聖書の物語をめぐるおもしろクエスチョン

旧約聖書の物語から

Q49 禅坊主が天地創造を読むとどうなる?

旧約聖書の『創世記』の冒頭は、神が六日間で天地を創造した物語です。

初めに、神は天地を創造された。地は混沌であって、闇が深淵の面にあり、神の霊が水の面を動いていた。神は言われた。

「光あれ」

こうして、光があった。神は光を見て、良しとされた。神は光と闇を分け、光を昼と呼び、闇を夜と呼ばれた。夕べがあり、朝があった。第一の日である。

神は一日目に昼と夜を創造していますが、太陽と月を創造したのはようやく四日目です。だ

旧約聖書(=ユダヤ教典)に含まれる書

律法	預言者(書)	諸書
創世記、出エジプト記、レビ記、民数記、申命記	**歴史書** ヨシュア記、士師記、サムエル記上・下、列王記上・下 **3大預言書** イザヤ書、エレミヤ書、エゼキエル書 **12小預言書** ホセア書、ヨエル書、アモス書、オバデヤ書、ヨナ書、ミカ書、ナホム書、ハバクク書、ゼファニヤ書、ハガイ書、ゼカリヤ書、マラキ書	詩編、ヨブ記、箴言、ルツ記、雅歌、コヘレトの言葉、哀歌、エステル記、ダニエル書、エズラ書、ネヘミヤ記、歴代誌上・下

からこれが天文学的な話でないことは明らかです。あくまでこれは、神と人(六日目に創造)との関係を――つまり創造者と被造物の関係を――お伽《とぎ》噺《ばなし》的に説いたものです。

聖書がこのような書き方をしているので、天文学の宇宙論も生物学の進化論も全部嘘だと言い張るクリスチャンが、とくにアメリカに大勢います。ファンダメンタリストと言います。キリスト教には「トンデモ」系の側面もあることを忘れてはならないでしょう。

ちなみに、禅者の鈴木大拙は、面白い読み方をしています。

そもそも天地創造のプロセスを誰が見ていたというのか？　というのです。いや、聖書にケチをつけているのではありません。大拙が言うには「わしが見ていた」のであると。

禅の修行では、いつも自分自身が問われます。自分自身の問題をさしおいて、聖書の内容がウソだのホントだのと議論しても始まらないのです。

ファンダメンタリストは理解したくない話でしょうけれど。

Q50 アダムとイヴの物語はパンドラの物語に似ている?

『創世記』の第一章によれば、神は天地創造の五日目に海の生き物や鳥を造り、六日目に地上の動物、人間の男女をこの順序で造りました。

他方、第二章によれば、神はまず男(アダム)を造り、エデンの園に住まわせ、そのあと動物や鳥を造り、動物ではアダムの助手の役目が果たせなかったので、アダムを眠らせて彼の体から女(エバ、英語読みでイヴ)を創造しています。

話の順序が混乱しているのは、別の神話を無理に足し合わせたからだと言われています。

さて、神はアダムとエバに、園の中央の木からだけは実を取って食べてはならないと命じます。しかし、蛇がエバをそそのかし、彼女はその実を食べてしまい、アダムにも渡し、彼もまた食べてしまいました。

これを食べることで、アダムとエバは互いに裸であることを気にするようになります。泰西名画ではお二方がイチジクの葉で股間を隠すところです。

神は二人がこそこそしている様子を見て怒り、二人を楽園から追い出します。以来、人間は労働に苦しまなければならなくなり、年老いて死ぬようになりました。

この物語は、人間の神に逆らおうとする性向、そして人間の現況が楽園でも天国でもなく、労苦と死のある苦界《くがい》であることを描いたものでしょう。

聖書の創造と楽園の物語は、今日、フェミニズムの立場から色々批判されています。問題は次の二点にあります。

第一に、人間の創造の物語は、男が主で女が二次的存在であるように描いています。

第二に、楽園追放の物語は、誘惑に弱いのは女だとしています。

ギリシャ神話でも、害悪を詰め込んだ箱を好奇心から開けてしまって世界を不幸だらけにしたのはパンドラという女性でした。

昔の神話は男の視点から書かれています。男の聖職者というのは、自分が女に弱いものだから女を悪者に仕立てるキライがあるようです。心理的投影です。

Q51 弟殺しのカインは元祖「変人」？

アダムとエバは楽園を追放されたあと、カインとアベルという兄弟をもうけます。カインは農夫となり、アベルは羊飼いとなります。

さて、実りの季節が訪れたとき、カインは作物を神に献《ささ》げ、アベルは小羊を犠牲にして神に献げます。

ここでも神は不思議な行動をとり、カインの献げ物を無視し、アベルの献げ物を受け入れました。

カインは怒って弟アベルを殺します。神に弟の居場所を聞かれたとき、カインは「わたしは弟の番人でしょうか」と口答えをします。

この原初の兄弟殺しによって、カインは地上をさまよう者となりました。カインは人々の復讐を恐れるのですが、神はカインを殺す者は呪われようと言って、カインに「しるし」をつけました。

その後、カインは妻を見つけて子供をもうけます。その妻がどこから湧いて出てきたのかは不明です（だってカインの両親は最初の人類なのですから！）。

さて、文豪ヘルマン・ヘッセは、小説『デミアン』の登場人物、変わり者の少年デミアンに、カインの物語についての独特な解釈を語らせています。

デミアンの解釈によれば、アベルが普通の人間であるのに対し、カインは才知と特質をもった人間であり、おかげで世間に容れられず、放浪者となったというのです。

これはまあ、「カイン＝悪人」説をひっくり返しただけのものですが、それでも、芸術家気質の人にはデミアンの解釈に心惹かれるものがあると思います。

芸術家タイプの人はしばしば、人並みにやっても報われないという経験をしており、かつ人間関係が苦手です。神に献げ物を受け入れられず、しかも弟殺しをやってしまったカインの立場に、心理的に似ているかもしれません。

ヘッセ自身がそうだったということでしょうが、このヘッセは二〇世紀後半に、新しいスピリチュアリティの先駆として、ロックだのサイケ芸術だのをやっているヒッピーたちのアイドルの一人になりました。

Q52 箱船に乗ったノアは何歳まで生きたのか?

九五〇歳です。

ちなみに、アダムは九三〇歳で死んだそうです。

ノアにはセム、ハム、ヤフェトという三人の息子がいて、洪水のときはいっしょに生き残っていますが、彼らが生まれたとき、ノアは五〇〇歳でした。洪水が起きたのは六〇〇歳のときです。

『古事記』によれば、神武天皇は一三七歳、孝安天皇は一二三歳、崇神天皇は一六八歳で亡くなっています。『創世記』ほど空想的ではありませんが、やはり大変な長生きとされています。

なお、真言宗の伝承では、密教の『金剛頂経《こんごうちょうぎょう》』を古代から中世に伝えた龍智というお坊さんは七〇〇年生きたことになっています。

Q53 バベルの塔は崩壊したのか?

バベルの塔と言えば、ピーテル・ブリューゲルの絵で有名ですね。建設途上の塔がなんだか崩壊中のようにも見えます。

タロットカードには崩壊する塔のカードがあります。

「バブルの崩壊」は関係ないでしょうが、ちょっと紛らわしい。

では、元祖バベルの塔は崩壊・倒壊したのか……？

『創世記』にはこう書かれています。ノアの洪水のあと、人々が集まって、天まで届く塔のある町を建設します。神はそうした企てを快く思わず、人々の言葉を混乱させます。それまで人類の言語は一種類だったのですが、このとき以来、言語が多様化しました。

言葉がバラバラになったので、人々はバラバラに暮らすようになり、塔や都市の建設は中止になりました。

最後にオチとして、言葉が混乱（バラル）したのでこの町はバベルと呼ばれるようになったと書かれています（バラルとバベルではあんまり音が似ていないような気もしますが）。

というわけで、塔は倒壊していないようです。

欧米ではバベルの塔は、言語の違いによる意思疎通の困難のシンボルになっています。

ちなみに、ユダヤ民族のご先祖はバビロニアの首都バビロン（＝バベル）の捕囚になっていた時期があります。バビロンにはエテメンアンキという塔状の巨大神殿があります。

『創世記』を書いた人たちは、塔も都市も崩壊すればいいのにと願っていたかもしれませんね。聖書には明らかに「文明嫌い」のトーンがあります。文明は格差社会を生む諸悪の根源だからです。

Q54 ソドムはなぜ滅ぼされたのか?

『創世記』によれば、ソドムの町の住民はふしだらな連中であり、神が硫黄の火をもって滅ぼしたとされます。これは、人々の悪徳ゆえに神が洪水を起こしてノアの家族以外の人類を滅ぼしたという物語と似たり寄ったりの話です。

生物学者のリチャード・ドーキンスは『神は妄想である』の中で、聖書の道徳観がいいかげんであることの例証としてソドムの物語を挙げています。

ソドムの住人の中でも正義漢とされる男がロトなのですが、男の天使がロトに逃げ出すように言いに来ると、ソドムの男どもが天使を強姦しようとします。すると、ロトは罰当たりなことはやめてくれと頼み、かわりに処女の二人の娘を差し出します。

つまり、ユダヤ人の想像していた神様は、同性愛が嫌いで、硫黄の火を投げつけてもいいというくらい憎んでいるのに対し、娘の強姦はちっとも気にしないという倫理観の持ち主だということになります。

今日でもキリスト教の保守派は同性愛を罪だと思っていますが、その一方で、さすがに父親が暴漢に娘を提供することは善だとは思っていません。

結局、宗教の神話や教典の倫理観というのは、それが書かれた時代の偏見の投影ですから、今日の我々の参考にならないわけです。この点についてはQ91もご覧ください。

今日では、リベラルな教会は同性愛も異性愛も神の問題と関係ないとの立場をとるようになっています。

日本人はもともと同性愛は普通に受け入れていましたが（『東海道中膝栗毛』の弥次さんと喜多さんはゲイカップルです）、明治にキリスト教が伝道されるようになってから、聖書の偏見が日本にも浸透しました。

日本人の大半はキリスト教を信じていないのに、これはかなり奇妙なことではないでしょうか。

Q55 神は人身御供《ひとみごくう》を命じたのか？

伝統的にユダヤ人は自分たちの「父祖」について語るとき、アブラハム、その子供イサク、その子供ヤコブの三代の名を挙げます（アダムとエバまでさかのぼってしまいますと、人類のご先祖様ということになります）。

このアブラハムについては、『創世記』に奇妙な伝承が記されています。

高齢になってせっかく生まれた男の子、イサクを、こともあろうに神様は生贄にするようアブラハムに命じたというのです。

アブラハムは断るでもなく苦悩するでもなく、すなおにイサクを犠牲に捧げようとします。息子を連れて山に登り、そこに祭壇を築いて薪を積んで、イサクを縛り付けます。

そのとき、天使が現れて、ストップをかけます。アブラハムの信仰の篤さはよく分かったから、殺さなくてもいい、と神はメッセージを下します。

これは、今日の感覚で考えるとまったく理解しがたい物語ですが、伝統的には、アブラハムの信心の確かさを表す訓話だとされてきました。

アブラハムがもし実在していたら、紀元前一〇〇〇年よりもはるかに前の人物です。そういう古代においては、どこの世界でも、子供は家畜などと同様に親の財産でしたし、どこの世界でも、人間の生贄を捧げていました。アブラハムの物語はそういう時代の意識を記録するものです。数千年前の人間の人権意識なんぞを問題にしてもしょうがない。

というわけで、この物語からは「神に忠誠を誓うべきこと」と「生贄はいけないこと」の二つを読み取るのが、宗教的訓話として順当だということになります。

Q56 モーセは本当に海を割ったのか？

韓国全羅南道の珍島《チンド》は、年に一回、大潮のときに隣の島との間に人が渡れる道が出現することで知られています。海の中をぞろぞろと観光客が民族大移動のようにして歩いていく映像はネットでも有名ですね。俗に「モーセの海割り」と呼ばれています。

モーセが海を割ったというのは、旧約聖書の『創世記』に続く『出エジプト記』に出てくるエピソードです。『十戒《じっかい》』といった名作映画があるために日本でもそれなりに知られていますが、韓国にはクリスチャンが多いので、ましてこの逸話は有名なのだと思います。

では、元祖モーセの海割り伝説とはどのようなものでしょうか。

『出エジプト記』は文字通りエジプトからの脱走物語です。アブラハムから数世代のちのこと、ユダヤ人のご先祖様たちは、エジプトで外国人労働者として暮らしていました。しかし、ファラオ（エジプト王）が代替わりするとともに、ユダヤ人たちは奴隷的身分に落とされます。そして建設労働に駆り出されたのです。

これはたまらん！

そこでユダヤ人の間に英雄モーセが立ちます。彼はファラオと魔術合戦をやって勝ち、民族まるごとエジプトから出て行く許可を得ました。かくして民族大移動が始まります。彼らは今日イスラエル国のあるカナン（パレスチナ）の地を目指しました。

彼らが出て行ってから、悔しくなったファラオは軍隊を駆って一行を追いかけます。

そしてモーセたちは紅海に突き当たります。

モーセの率いる民は進退窮まったのですが、大丈夫！　モーセが杖を挙げると海が割れます。民はそこを渡ります。彼らが渡り終えたあたりで、再び戻ってきた海水がエジプトの軍勢をどっぼーんと呑み込んでしまいます。

……これがまあ、モーセの海割りのエピソードです。

これは史実そのものではないと言われています。聖書の記述からは総勢数百万の民族大移動だと考えられますが、それは超古代の人口規模から考えてあり得ませんし、エジプト側に何の記録も残っていません。

渡った海を今日の「紅海」とするのも伝承中に生じたミスだそうです。

この物語のポイントは、奴隷状態からの解放にあります。危ないところをなんとかクリアするサスペンスを「海を割る」という奇跡として描いたのは、神話的レトリックです。

古代にも、サスペンス映画並みの巧みな演出家がいたんですね。

Q57 モーセの十戒とは何か?

ユダヤ民族の物語は、神の意思に沿う民族共同体を立ち上げる物語です。エジプトからの脱出はその大きな契機でした。

海を渡ってからカナン（パレスチナ）の地に民族が定住するまで何十年もかかるのですが、途上、モーセはシナイ半島の山に登って、神から「十戒」を授かります。

民族を束ねる掟の「憲法」のようなものです。

その内容は次の通りです。

- ☑ 唯一の神のみに従え
- ☑ 偶像を拝むな
- ☑ 神の名をみだりに唱えるな
- ☑ 安息日を守れ
- ☑ 父母を敬え
- ☑ 殺すな
- ☑ 姦淫するな
- ☑ 盗むな
- ☑ 隣人に関して偽証するな
- ☑ 隣人の財産や妻を欲するな

ちなみに仏教の在家者向けの「五戒」は次のようなものです。

- ☑ 殺すな
- ☑ 盗むな
- ☑ 邪《よこしま》なエッチをするな

☑ウソをつくな
☑酒を飲むな

「殺すな」「盗むな」「ウソをつくな」というのは人類に普遍的な約束事であり、神や仏に言われなくても、たいていの民族は掟としています。

仏教の五戒が性的禁欲を説き、酩酊を禁じているのは、これが悟りの修行のための指針だからです。

モーセの十戒は民族の集団生活の指針ですから、集団のアイデンティティの象徴である神の絶対性を説き、集団生活を乱す偽証や隣人の財産の収奪を禁じています。

Q58 ユダヤ人は貝を食べないのか?

奇才ウディ・アレン監督の映画には、ユダヤ人の登場人物が貝を食べるという場面がときどき出てきます。ユダヤ教では公式的に貝を食べるのを禁じているので、敢えて罰当たりなシーンを入れたものです。

貝ばかりではありません。イカもタコも駄目です。要するに魚ではない海の動物はみな駄目である。魚もヒレがあってウロコのしっかりついたものでなければ駄目です。だからウナギも食べられないんだとか。

陸上の動物では、豚が駄目です。これはイスラム教の場合も同様。

豚以外では、馬も駄目。食べていいのは羊や牛や山羊などということになります（その乳製品もOK）。なお、食べていい肉であっても、しかるべき手続きを経て殺されたものでなければ駄目です。病死した動物も駄目です。

その他、鳥では猛禽類が駄目。ニワトリやアヒルやシチメンチョウやハトなどはOK。虫はイナゴ以外駄目ですが、ハチミツはよろしい。

植物はすべてOKです。すなわち小麦も米も野菜も果物もOK。

こういう規定に何か合理的な意味はあるのでしょうか？

もちろん、人体の生理学にとっては、すべて無意味です。

旧約聖書の記述では、食べてはいけないものを「穢《けが》れている」としています。穢れの意識は神道にもありますが、ユダヤ人はそれを複雑怪奇な体系にしてしまったのです。健康とも倫理とも関係のない、呪術的なタブーですね。

複雑な規則を守っていると異教徒といっしょに食事をすることができなくなりますから、民族の純潔を保つには便利だったのでしょう。

今日のユダヤ人でも、宗教的に保守的な人々はこの規定に従います。しかし、ウディ・アレンのようにまるで従わない人もいます。要するに人それぞれです。

Q59 ダビデ王とソロモン王は何をやった王様か？

旧約聖書の伝承では、ユダヤ人のご先祖様たちはエジプトを出てからカナン（パレスチナ）の地に入り、そこの異民族を征服してしまいます（十戒が「殺すなかれ」と告げるのは仲間内での約束であり、神の命令があるなら異民族を殺戮してもかまいません。古代や中世の倫理はどこでもそのようなものです）。

そして紀元前一一世紀頃に、「イスラエル」という名前の統一王国ができます。そのイスラエル統一王国の名君としてユダヤ人の心に銘記されているのが、ダビデ（紀元前一一～一〇世紀）とソロモン（紀元前一〇世紀）です。

現在のイスラエル国旗にはカゴメのようなマークが描かれていますが、これは「ダビデの星」と呼ばれます。ダビデ王の盾に星が刻まれていたと伝えられており、それにちなんだものです。「ダビデの星」は、キリスト教の十字架に対抗してユダヤ教のシンボルとなっています。

日本人がダビデの名を知っているのは、フィレンツェのヴェッキオ宮殿の入り口に置かれたミケランジェロ作のダビデ像のためでしょう。末端が肥大気味の筋骨たくましい青年像です。

これは、旧約聖書の『サムエル記（上）』にある、少年ダビデ（青年じゃなくてむしろ少年）が敵の大男ゴリアテに石を投げつけるところを彫ったものです。大男は一発で倒されました。ジブリアニメ『天空の城ラピュタ』に出てくる軍の巨大な飛行戦艦がゴリアテと呼ばれているのは、バカでかくて無能だという意味でしょう。

なんといってもダビデは若きパワーの象徴のようなものです。単なる部族連合を大国に育て上げたのはダビデの力量によると信じられていたのです。

ダビデの次の王様は、その息子ソロモンですが、こちらは知恵者としてよく知られています。ビジネスマン的手腕があったらしく、イスラエルがアジアとアフリカと地中海の「ハブ」的な位置にあることを利用して、各方面の仲介貿易を成功させました。

イスラエルはソロモン王のもとで潤ったんですね。

なお、南アラビアのシェバ（シバ）という国から女王一行が訪れて、ソロモンに会い、彼の知恵と富に感嘆したと伝えられています。この物語は後世、キリスト教徒のロマンチックな想像力を掻き立てました。（シャンソンの「シバの女王」が「♪愛のどれ〜いィ〜」とかと歌っているのはそうしたロマンの産物です）。

ソロモンはエルサレムに恒久的な神殿を建てたことでも知られます。エルサレムは天地創造神の「聖都」として不動の地位を得ることになりました。

Q60 預言者と予言者は違うのか？

ここで歴史を整理しておきましょう。

紀元前一三世紀頃に、今のパレスチナの地にイスラエルの部族連合が生まれ、紀元前一一世紀には王国となり、ダビデとソロモンの時代を迎えました。

しかし、王国の盛運はこれで尽きてしまいました。イスラエルはもともとそれほどの大国ではないし、周囲にアッシリアとかバビロニアとか本当の大国が次々と興りましたので、ひとたまりもありません。

イスラエル王国は南北に分裂し、まずは北が、遅れて南が異民族に滅ぼされます。北王国がアッシリアによって滅んだときには、その国民はイスラエルの民としてのアイデンティティを失いました。南王国がバビロニアによって滅ぼされたときには、民の主だった者たちがバビロニアの首都バビロンに連れて行かれ、捕囚となります。

このとき以来、ユダヤ民族は国家に恵まれない民族となりました。

というか、この時代、小さな民族が大きな民族に吸収されるという事件はしょっちゅうあったのですが、「神の民」としての誇りの高いユダヤ民族は、石にかじりついてでも民族のアイデンティティを残そうと頑張ったのです。

国家を失ったユダヤ人がかじりついたのは、実際には石ではなくて教典でした。彼らは民族の伝承を教典（旧約聖書）として編纂し、そこに記された神の律法すなわち先祖伝来の民族の掟を絶対に守ろうとしたのです。

というわけで、国家が滅びることによってかえって信仰心は高まり、神は「天地創造の神」の地位にまで押し上げられ、その掟は絶対化されました。

ユダヤ人の解釈によれば、彼らが国家を失ったのは、神の民であるにもかかわらず質実な暮らしを守らなかったからです。ちゃらちゃら暮らして貧富の差を広げ、軟弱になった。その天罰が当たったのですね。

軟弱な民を叱責し、神の正義を守れと唱え、バラバラになりかけた民を慰めて道を示したのが、いわゆる預言者です。イザヤ、エレミヤ、エゼキエルなど、十数名の預言者の名前が知られており、彼らの言葉をまとめた諸文書（預言書）が旧約聖書の大きな部分を占めています。

「預言」という漢語は「神の言を預かる」という意味合いです。神様は直接天から民にアナウンスするということはしないで、特別な人に託する形でメッセージを伝えるというのです。だからこれは未来について「予め言う」という意味合いの「予言」とは区別されます。

とはいえ、神の言葉を預かった預言者は「民よ、神の言うことを聞かないと、ひどい目に遭うぞよ」と暗い未来を予言したりもしますから、「予言者」と書いても間違いではありません。英語では prophet と言います。これは「預言者」「予言者」どちらの意味でも使える言葉です。

新約聖書の物語から

Q61 東方の三博士は何の博士か？

イエスが生まれたとき、東方から三博士が来たとされています。『マタイによる福音書』に由来する話ですが、実は福音書には「三人」とは書いてありません。

しかし、黄金、没薬《もつやく》、乳香をプレゼントとしてもってきたとあるので、のちの伝説で三人の博士ということになったのです。名前までついていて、ガスパール（絵では青年で表される）、バルタザール（中年）、メルキオール（老年）ということになっています。

では、この博士はいったい何についての博士なのでしょうか？

『マタイ』ではマゴス（複数形はマゴイ）と書かれています。マゴスというのはマジックの語源になった言葉で、ペルシャ系の占星術などに長じた先生のことです。

占星術の博士なんですね。占星術は天文学の発達していた古代オリエントに始まった「学

新約聖書に含まれる書

福音書・使徒言行録	パウロの手紙（真筆以外も含む）	その他
マタイによる福音書	ローマの信徒への手紙	ヘブライ人への手紙
マルコによる福音書	コリントの信徒への手紙（一・二）	ヤコブの手紙
ルカによる福音書	ガラテヤの信徒への手紙	ペトロの手紙（一・二）
ヨハネによる福音書	エフェソの信徒への手紙	ヨハネの手紙（一・二・三）
使徒言行録	フィリピの信徒への手紙	ユダの手紙
	コロサイの信徒への手紙	ヨハネの黙示録
	テサロニケの信徒への手紙（一・二）	
	テモテへの手紙（一・二）	
	テトスへの手紙	
	フィレモンへの手紙	

問」でした。平凡な民間人の人生を占うのではなくて、天下国家の運命を占う技術です。

星占いをしてユダヤの王たる救世主が誕生するのを知って、拝みにやって来たというわけです。

ちなみに、「没薬」というのはミイラ造りなどに使われる防腐剤です。これは「幼子イエスがやがて十字架にかけられて死にますよ」という不吉な予言になっています。

『ルカによる福音書』では、イエスの誕生シーンに博士たちは登場せず、かわりに羊飼いが拝みに現れます。これも一見牧歌的なシーンですが、「この幼子は羊のように犠牲になりますよ」という暗示になっています。

イエスの降誕劇は、けっこう不吉なイメージに満ちているのです。

Q62 動物が集団自殺する伝説のモトネタは聖書か？

『マタイ』『マルコ』『ルカ』には、悪霊に取りつかれて墓場や山野で叫びまわっている人物をイエスが癒したというエピソードが載っています。

かつては鎖や足枷《あしかせ》でつながれたりしていたのですが、それを引きちぎり、もはや誰にもつなぎとめることはできなかった。そして自分を石で打ち叩いていたと。

気の毒な狂人です。「悪霊憑《つ》き」というのは、今で言えば精神病の患者さんのことでしょう。

イエスが彼に悪霊の名を尋ねます。すると答えは「レギオン」。ローマの軍団です。たくさんの悪霊が軍団をなして取りついていた。

さて、豚の大群がそのあたりにたむろしていたので、悪霊どもは豚どもに乗り移らせてくれとイエスに頼みます。イエスが許すと、悪霊の軍団は男からどどどどと飛び出して豚の群れに移りました。豚たちはそのまま崖を下って湖に落ち、溺れ死にます。二千頭いたと書かれています。

動物が集団自殺するモチーフは、のちのハーメルンの笛吹き男伝説や、レミングの集団自殺伝説と共通しています。

ハーメルンでは、笛吹き男のせいで鼠たちが川に入って溺れます。この笛が次には子供たちをさらっていく。不気味な伝説です。

レミングの集団自殺は都市伝説です。本当のレミングは集団自殺しません。小動物は、極端に増えた群れがしばらくするうちにすっかり姿を消してしまうということがよくあります。それが集団自殺という伝説を生み出しました。ディズニーがドキュメンタリー作品でレミングが次々と水に飛び込んでいくかのような映像を捏造して、世に広めたと言われています。

これらの話とイエスの悪霊祓《ばら》いの話との関係はよく分かりません。ただ、イエスの印象深い伝説は西洋人の頭の中に叩き込まれていますから、動物が集団で水に飛び込むという伝承の形成に一役買ったということは大いに考えられます。

Q63 イエスは頓智《とんち》の天才だった?

福音書に描かれるイエスは、レトリックの達人です。イエスという人物の魅力は、問答にキラリと光る頓智の面白さによるところが大きい。

ときに問答は禅問答めいたものになります。

たとえば、『ルカによる福音書』一〇章のエピソードでは……

あるとき、イエスに対して「永遠の命」を受け継ぐ方法を尋ねる者がいました。イエスは答えず、君はどう思うかと尋ね返しました。相手は旧約聖書を引用し、「神を愛せ、隣人を愛せ」と無難に答えました。イエスは、それは正しいと言いました。

しかし相手は「隣人とは誰ですか？」と食い下がります。イエスは寓話を語り始めました。《旅人が強盗に襲われて怪我をして倒れていた。祭司が通りかかったが、死者の穢れに触れてはなるまいと道路の反対側を通り過ぎていった。下級祭司も同様にした。しかし、異教徒として嫌われているサマリア人の一人が、倒れている人を介抱し、宿屋に連れて行き、宿賃まで払ってやった。》

ここで、「誰がこの人の隣人か？」とイエスは聞きます。相手はサマリア人だと答えざるを得ません。イエスは「君も同じようにしろ」と言いました。

――これは、愛を語る者や聖職者などが人の足を引っ張ろうとしたり差別したりすることに対する皮肉となっています。何よりも相手に答えさせている点にイエスのしたたかさがあると言えるでしょう。

次に『ヨハネによる福音書』八章にあるエピソードを見てみましょう。これも有名なものです。

あるとき、イエスを陥れようと思う者たちが、姦淫の現行犯でつかまった女を、イエスの前に連れてきました。

さて、イエスはこの女をどう裁くでしょうか？

もしイエスが女を赦せば、姦淫者を石打ち刑とする伝統の戒律を破った罪で、当局に訴えることができます。

もしイエスが女を処罰すれば、イエスの愛の教えも無意味なものとなります。

しかし、イエスはここで「罪を犯したことのない者から石を投げよ」と言いました。石打ちにしろと言ったのだから戒律を破ったことにはなりません。しかし条件をつけたために、誰も石を女に投げつけられません。だから、実質的に愛の教えを貫いたことになります。イエスを陥れようとしていた者たちも、その場を去りました。

——この大岡裁きのような話は出来過ぎな感じもありますが、少なくとも福音書時代の信者たちは、開祖イエスについて、このようなイメージ——敵を言い負かす知恵者にして愛の実践者——をもっていたことが分かります。

Q64 イエスは政教分離を説いた？

イエスの問答の中でも解釈が大きく割れているのが、「カエサル問答」です。カエサルとはローマの皇帝のことです（英語読みでシーザー）。

「カエサルのものはカエサルに」という言葉は日本でもよく知られています。昭和の人気落語家、林家三平は、知人が自分のペットの猿のクッキーを横取りし、猿を怒らせたときに、こう言ったそうです。「飼いサルのものは飼いサルに」——。

過越祭《すぎこしのまつり》のとき、イエス一行はエルサレム神殿に乗り込みました。すると敵対者たちがイエスに問答をしかけてきました。ある者が「皇帝（カエサル）に税金を納めるのは是か非か？」と尋ねます。

ここでOKと言ったら、ローマ嫌いのユダヤ民族主義者が黙っていないでしょう。NOと言ったら、ローマへの反逆罪として告訴されるかもしれません。

イエスはこの問いにまともに答えず、銀貨に刻まれているのがローマ皇帝の肖像であることを確かめると、「皇帝のものは皇帝に、神のものは神に返しなさい」と言いました。

税金を納めろと言ったのだから反逆はしていないし、異教徒の皇帝とユダヤの神とを分けたのだから民族主義者も怒らせません。

しかし、この言葉をしっかり解釈するとなると、さまざまな説に分かれます。

まず、ローマ皇帝とユダヤの神とを分離したのだから、これはユダヤ・ナショナリズムの宣言であると捉えることができます。しかしそれでは、ユダヤ主義を乗り越えた霊的な革新者としてのイエスのイメージに合いません。

伝統的には、この言葉は政教分離を説いたものだとされてきました。皇帝は政治を表し、神はもちろん宗教を表します。イエスは、現世的な政治の話と霊的な宗教の話とを混同するなと言ったのであると。

さらに別の解釈もあります。それによると、イエスは、民から搾取している神殿の現状を皮肉ったのです。ローマが税金を要求するように、神殿のほうも民から金銭を巻き上げていたからです。そうなると、イエスのこの問答は宗教批判の一種ということにもなります。

どのようにでも解釈できる。それだけ曖昧な文句が二千年間権威を保ってきたのですから、教典の言葉とは不思議なものですね。

Q65 初代ローマ教皇は不肖の弟子だった?

初代ローマ教皇とは、イエスの一番弟子のペトロのことです。弟子の筆頭のように描かれているので、たぶん一番情熱的で責任感も強かったのだと思われますが、そのわりには、福音書の伝えるペトロのエピソードは恰好悪いものばかりです。

ペトロの失敗談を二、三挙げてみましょう。

①イエスが湖の上を歩いたので、ペトロは自分もやってみようとします。しかし失敗して溺れかけました(Q19参照)。

②最後の晩餐で、イエスがこの先の苦難と弟子たちの試練を暗示すると、ペトロは「わたしは決してつまずきません」と胸を張って言います。しかしイエスは、「あなたは今夜、鶏が鳴く前に、三度わたしのことを知らないと言うだろう」と告げます。

はたして! イエスはこのあと逮捕されて裁判にかけられるのですが、ペトロは町の人々からお前はイエスの支持者じゃないのかと詰め寄られたとき、「そんな人は知らない」と言ってしまったのです。それも三回も!

そして三度目に嘘をついたとき、夜が明けてニワトリが時を告げました。ペトロはがっくりします（ちなみに同じことを三回繰り返すのは古代によくあるレトリックです。強調しているのですね）。

③逮捕前にイエスがエルサレム郊外の園で祈っていたとき、とくに選ばれてイエスについてきたペトロと他の二人の弟子は、師をほったらかしにして眠りこけてしまいました。

それを見たイエスの曰く、「あなたがたは、このように、わずか一時もわたしと共に目を覚ましていられなかったのか」。イエスは三度注意するのですが、ペトロたちは三度とも眠ってしまいます。

このように、ペトロすなわち初代教皇は――他の弟子たちも――今ひとつ凡庸な存在として描かれています。福音書は「神の子」と一般の人間のコントラストを強調するレトリックで書かれているので、このような話になったのかもしれません。

『マタイ』によれば、ペトロはイエスから天国の鍵を授けようと告げられ、将来キリスト教会を率いていく人物であることが保証されています。イエスの裁判のときには姿をくらましていたペトロですが、師亡きあとは統率者としての務めを果たし、ローマに行って殉教しました。

迫害されたペトロが逆さ十字にかけられたとされるバチカンの地に、現在、カトリックの総本山すなわちサン・ピエトロ（聖ペトロ）大聖堂が建っています。

Q66 イエスは十字架上で弱音を吐いた？

イエスが十字架上で死ぬ直前に何を語ったのか、福音書はそれぞれ次のように伝えています。
「わが神、わが神、なぜわたしをお見捨てになったのですか」（『マルコ』『マタイ』）
「父よ、わたしの霊を御手にゆだねます」（『ルカ』）
「渇く」「成し遂げられた」（『ヨハネ』）

『マルコ』と『マタイ』の伝える言葉は、絶望的な調子ですね。父なる神の意向通りに十字架にかけられた「神の子」が、なぜ今さら弱音を吐いたのでしょうか？

実はこのあたりの解釈はクリスチャンの間でも一定していないようです。というのは、神が弱音を吐くというのが奇妙であるばかりでなく、この言葉が旧約聖書の『詩編』に含まれる詩（二二章）の冒頭の一句だからです。その詩は絶望調で始まるのですが、最後は神の賛美で終わります。希望の詩です。

ですから、イエスは絶望調で始まる詩を口ずさんで途中で死んでしまったが、言いたいことは神の賛美だったのだ——そういう解釈が可能なのです。

これを当然と考える人もいるし、不自然と見る人もいます。

それに、神の子が絶望を歌ってくれたほうが、信者の励みになるという考えもあります。

こういう多義性が生じるのは、イエスが「人間」でもあり「神」でもある存在だからです。「人間」側に引き付けて考えれば「絶望」がふさわしいように思えるし、「神」側に引き付けて考えれば「希望」がふさわしいように思える。

むしろこのような多義性を宿しているところが、福音書という文書の、あるいはキリスト教そのものの魅力であり生命力であるのかもしれません。

Q67 「目からうろこ」は聖書の言葉？

キリストの神学を熱っぽく語った信徒向けの手紙（『ローマの信徒への手紙』『ガラテヤの信徒への手紙』など、新約聖書の大きな部分を占める書簡群）で知られる使徒パウロですが、彼は生前のイエスに会ったことのない人物です。

それどころか、イエスが復活したという噂を流していた新興の教団を許すことができず、迫害して回っていたと伝えられています。ユダヤ教の正統派だったんですね。

ところが、ある日、彼は劇的に回心します。その様子が『使徒言行録』の第九章に書かれています。

旅の途上で、彼（当時はサウロと呼ばれていました）は突然「天からの光」に周囲を照らされ、「なぜわたしを迫害するのか」というイエスの声を聞きます。このときから三日間というもの、サウロ（パウロ）は目が見えず、食べることも飲むこともしませんでした。

その後、彼の目から「うろこのようなもの」が落ち、元気を回復し、回心を告げて洗礼を受けます。それ以来、彼はバリバリの組織者として活躍を始めます。

というわけで、日本人もよく使う「目からうろこ」というのは、実は聖書の言葉だったのです。

ただし、このエピソード自体は、パウロを直弟子と並ぶイエスの「使徒」とするためのフィクションではないかとも言われています。

イエスの死後に、教団において権威をもっていたのは、直弟子とイエスの身内です。本来だったら、イエスに会ったことのないパウロには何の権威もありません。

しかし、奇跡が起きてパウロがじかにイエスに会ってしまったのであれば、パウロの権威だって直弟子と同じだということになります。教団組織内の政治力学が「目からうろこ」の伝承を生んだというのは、なるほど考えられそうなことです。

Q68 結婚式で牧師さんが読む愛の讃歌とは何か?

近年のカップルは神前結婚よりもチャペルでの結婚を選ぶようになりました。アニメ『君の名は。』の中で大人になったテッシーと早耶香《さやか》が相談しているのも、神前がいいかチャペルがいいかという話でした。

さて、あなたが誰かのチャペル式結婚式に招かれたとします。結婚式場あるいはホテル付属のチャペルで牧師さんが——ひょっとしたら外国人牧師さんがなぜかときどき英語を交えながら——愛の讃歌を情熱的に語り出すかもしれません。

それがもし次のような文句でしたら、それはパウロが書いた『コリントの信徒への手紙(一)』の第一三章からの引用です。

愛は忍耐強い。愛は情け深い。ねたまない。愛は自慢せず、高ぶらない。礼を失せず、自分の利益を求めず、いらだたず、恨みを抱かない。不義を喜ばず、真実を喜ぶ。すべてを忍び、すべてを信じ、すべてを望み、すべてに耐える。

ここに説かれている愛とは、エロチックな恋愛のことではなく、もっと高尚な愛であるとされます。パウロはこの章を「信仰と、希望と、愛、この三つは、いつまでも残る。その中で最も大いなるものは、愛である」という言葉で結んでいます。

キリスト教ではさまざまな形で「愛」を説いています。愛はキリスト教の専売特許みたいなものですね。

まず、神が愛であるとされます。それは人間には想像もつかないような深い愛である。

次に、人間がその神を愛さなければならない。これは他の一切をほったらかしにしてでも果たさなければならない愛である。

さて、もう一つ、隣人愛というものがあります。これはもともと旧約聖書の文脈ではユダヤ人同胞への愛を意味していましたが、新約聖書では、民族を超えた人類愛のようなものになっています。

よーく考えると、神への愛と隣人愛は原理的に対立します。アブラハムは神に忠実であるために、息子を犠牲にしようとしたとされています（Q55参照）。

信者が異教徒を差別してきたのも、当人にとっては神への愛の表れだったわけです。

二つの原理の衝突——これは難しい問題ですが、普通はあまり深く考えないことになっているようです。

Q69 黙示録——世界はどうやって滅びるのか？

一般の日本人の感覚では、愛の神が世界に災害や破滅をもたらしつつ終末を演出するというのも、愛を説くキリストが自分に逆らった者を審判して地獄に堕とすというのも、今ひとつ納得がいかないところだろうと思います。

では、インドのシヴァ神が破壊と実りの神だということには納得がいくでしょうか？破壊と実りとではベクトルが逆ではないですか。

しかし、シヴァ神がもともと暴風雨の神であると聞けば、納得がいくかもしれません。風雨は災害ももたらし、実りももたらします。

一般的に言って、大自然は災害も実りももたらします。実際、日本人は、自然の恵みを讃えつつ、台風も地震も津波も結局は仕方がないことだと思っています。

聖書の神の性格的矛盾も、これに準じて理解できるかもしれません。神は愛であるが、言うことを聞かない奴を地獄にも堕とす。天変地異も神が起こすとされています。

さらに神は、終末をもたらします。天地を創造するのも神、天地を破壊するのも神です。

終末のいきさつについて詳しく書いてあるのは、新約聖書の最後を飾る『ヨハネの黙示録』

です。作者ヨハネがいったいどういう人物なのかは、よく分かりません。これは一世紀末に成立したもので、「世界の終末」とはいっても、直接にはローマ帝国の崩壊を呪詛《じゅそ》を交えて予言したものです。

キリスト教徒はまだ少数派だった頃、ローマ帝国の多数派から迫害を受けていました。その怨みを壮大なビジョンとして描いたものがこの『黙示録』ですから、神の名で語られた壮大な怨念の書だとも言えるでしょう（正典に入れることには抵抗もあったようです）。

ストーリーはかなり複雑ですが、大幅に要約すると……

語り手は天に上り、玉座の神を見ます。神の巻物の七つの封印が解かれ、《白・赤・黒・青の四種の馬に乗った四種の人物》が登場し、また殉教者たちが現れます。天が去って神と小羊の怒りの日が来ます。《十四万四千人》が刻印を押され、《第七の封印》が解かれます。天使たちがラッパを吹くと災害が起こり、軍勢が人類の三分の一を殺します。……大天使ミカエルが竜と戦います。獣が偶像崇拝を興し、万人に《六六六》という数字を刻印します。小羊すなわちキリストがエルサレムの地に立ちます。天使たちが災害をもたらし、竜から現れた穢れた霊が《ハルマゲドン》という地に全世界の王を集めます。……天使が「《大バビロン》が倒れた」と叫びます。天使が竜すなわちサタンを《千年間》底なしの淵に閉じ込め、甦った聖なる者たちがキリストとともに千年間統治します。千年後、再びサタンが解放されます。しかしすぐに《火と硫黄》の池に投げ込まれます。
いよいよ最後の審判です。玉座の前に死者たちが立ち、《命の書》が開かれ、名のない者は火の池に投げ込まれます。新しい天と地が生まれ、《新しいエルサレム》すなわち天国が現れ、命の書に名のある者たちが天国に入ります。おしまい。

どうです？　とんでもないストーリーでしょう。

しかし、これが西洋人の想像力に深いところで影響を与えました。中世から近代にかけて終末と地獄を恐れずに暮らしていたクリスチャンはいないと言っていいほど、シリアスな影響を与えたのが、この黙示録のストーリーだったのです。

そのディテールについては、次のQ70をご覧ください。

Q70 「ハルマゲドン」「千年王国」とは何か？

一九九五年に地下鉄サリン事件が起きました。オウム真理教が起こしたテロですが、その首謀者、麻原彰晃こと松本智津夫が説いていたとして有名になったイニシエーション、ヴァジラヤーナ、サティアン、ポアなどに並ぶ概念の一つがハルマゲドンでした。

SFなどによく登場し、終末待望のカルトなどもよく言及するハルマゲドンとは、端的に第三次世界大戦のことでしょう。その語源はQ69で概要を見た『黙示録』に出てくる終末の最終決戦地の地名です。パレスチナにある古戦場の名前メギドに由来します。

さて、終末と言えば一九九九年に「ノストラダムスの大予言」の終末予言が成就するかどうかと騒がれたあと、無事二〇〇〇年を迎え、二〇〇一年から新しい千年紀（ミレニアム）が始まりました。

そしてこのミレニアムは、「千年王国」とか「至福千年」などと訳されたとき、『黙示録』の概念となります。

『黙示録』の物語は奇妙に曲折が多いのですが、一番の曲折は、終末前にやって来るという千年間のキリストの王国です。

すなわち、悪魔（サタン）が千年間閉じ込められた状態になり、義人（正しい人）ばかりが復活してキリストの王国で暮らすというのですが、千年経つとなぜかまた悪魔が放たれ、そのあとに悪魔は地獄に堕とされるというのです。

要するに、終末のビジョンには二種類あったんですね。一つはこの世でメシアの王国が始まるというもの。もう一つは世界が幕を閉じてあの世で天国が始まるというもの。

ヨハネはこの両方を無理やりくっつけたので、まず千年間、地上の王国が続き、次にあの世の天国が始まるという、いささかモタついた物語展開になってしまったのでしょう。

というわけで、一般のキリスト教会は伝統的に、『黙示録』の千年王国をあくまでキリスト教会の比喩と捉えることにしています。

しかし、飢饉やペストや戦争が起きるたびに、異端や新興宗教がこの千年王国説のさまざまなバリエーションを説いています。千年続くユートピアというビジョンには人間の想像力を刺激する何かがあるんでしょう。

『黙示録』に出てくる他の概念の説明もしておきましょう。

《白・赤・黒・青の四種の馬に乗った四種の人物》……四つの色の四種の馬のイメージはさまざまな小説的イマジネーションを喚起しています。村上春樹の『色彩を持たない多崎つくると、彼の巡礼の年』に出てくる四人の人名には、黙示録の四色が入っています。

《十四万四千人》……『黙示録』に出てくるこの義人の数は、何かと有名です。メデタイ数である一二を二乗して千倍したものですね。小説でも映画でも、この数字が出てきたら『黙示録』を暗示したものだと思ってください。

《六六六》……この数字はローマ帝国のネロ皇帝のことだと言われています。クリスチャンを迫害した皇帝です。ネロ皇帝をギリシャ語で書いてそれをヘブライ文字で記し、各文字の数価を足し合わせると六六六になるというものです（ヘブライ文字はそのまま数字としても用いられる）。この数字は映画『オーメン』に出てくる悪魔の子ダミアンが数字の「666」の形の痣《あざ》をもっているということで、日本でも有名になりました。

《大バビロン》……『黙示録』の著者にとってはにっくきローマ帝国のことです。

《火と硫黄》……聖書の地獄のイメージと言えば、これです。日本の硫黄臭い火山などが地獄めぐりに使われるのは仏教型の地獄のイメージによるものですけれども。

《命の書》……救われる人々の名簿です。

《新しいエルサレム》……伝統的にキリスト教の天国のイメージには、牧歌的な楽園型のものと都市型のものがあります。その都市型天国は『黙示録』の「新しいエルサレム」のビジョンに由来します。

コラム4　映画で知るキリスト教

Q71 なぜ『未知との遭遇』に『十戒』が出てくるのか?

スティーヴン・スピルバーグ監督の『未知との遭遇』（一九七七年）は、スタンリー・キューブリック監督の『２００１年宇宙の旅』（一九六八年）とともに、ＳＦの伝統を塗り替えた作品として有名です。

四〇年代から八〇年代までの冷戦期、都市伝説の雄は何といってもＵＦＯ神話でした。七〇年代にはコアなＵＦＯ信者ならずともＵＦＯ宇宙人乗り物説を「あり得そう」なこととして受け入れている人はかなりいました。スピルバーグ監督もその一人です。

映画の前半、主人公の電気技師、ニアリー氏の居間のシーンがあります。居間のテレビに映っていたのは、セシル・Ｂ・デミル監督作品の映画『十戒』のシーンです。セリフの中にも『十戒』と出てくるので、これは意識的な挿入と思われます。

『十戒』はユダヤ人のご先祖様たちが神のお告げを受けたモーセの導きによって、艱《かん》難《なん》を乗り越えて新天地に向かうところを描いた映画です。ですからこのシーンは、ニアリー氏が周囲の無理解をものともせず、すべてを捨ててUFO探求の道をまっしぐらに進み、ついに宇宙人とともに地球を後にすることを暗示するものとなっています。

後半の軍関係者がUFOに乗り込もうとする場面では、牧師が「天使」の導きを祈っています。つまり、宇宙人／宇宙船が天使に見立てられています。

スピルバーグはユダヤ系です。大勢のユダヤ人が欧州での迫害から逃れてアメリカに渡ってきました。戦後のアメリカでは「ユダヤ・キリスト教的伝統」という言い方が流行し、ことさらにユダヤ教とキリスト教との親近性を強調するようになりました。モーセ伝承は海を越える物語ですが、アメリカもまた旧大陸から海を越えた者たちの集まりです。

こうした要素のすべてが呼応し合い、いわば人間を新時代へと解き放つアメリカ人好みのドラマの新旧二つのバージョンとして、映画の中で聖書の伝承とUFO神話とが共鳴し合っているというわけです。

第五章 西洋文明とキリスト教の関係をめぐるクエスチョン

Q72 なぜローマ帝国でクリスチャンは迫害されたのか?

A72 ローマの神々に犠牲を捧げなかったためです。ローマ当局としては、国運が衰退するにつれてスケープゴートが必要になったのです。

キリスト教はローマ帝国で生まれて育った宗教です。帝国の片隅に生まれた新興宗教が帝国中に広まっていったプロセスを要約しますと……

まず、紀元前四年頃に生まれた開祖イエスは、紀元後三〇年頃にエルサレムにて十字架刑死しました。十字架刑で殺されるのは帝国に反逆した者です。その反逆者を神と崇めるというのですから、潜在的にキリスト教は、国家との関係において危ういものを抱えていました。

しかし、信者たちは、イエスの趣意はローマへの反逆ではなく、人類の救済であると解釈しました。福音書も、ローマの総督ピラトはイエスを罪人とは思っていなかったかのように描いています。ピラトはイエスを釈放しようと努力したが、ユダヤの「王」を自称する者を釈放するのはローマ皇帝への裏切りだと叫ぶ民衆の圧力に屈して、いやいや死刑(十字架刑)に処したというのです(このあたりは福音書記者の「作文」だと疑う人もいます)。

ともあれ、教会の指導者たちは、信者たちにローマの善き市民として暮らすように指導していたようです。「回心」で有名なパウロも、信徒へ宛てた手紙の中でそのように説いています。パウロはローマ系の植民都市を回って、ユダヤ教の枠を離れた布教を狙いました。

「非国民」とされたクリスチャン

迫害は最初期からありました。開祖の処刑は別にしても、四〇年には、エルサレム教会が主流派ユダヤ教から迫害され、イエスの弟子の一人が殺され、ペトロは危うく脱出しています。ペトロはその後ローマに向かったのですが、六四年のローマ大火の際に殺されています。パウロもまたローマにいたのですがどうやら殉教したようです。

このときの皇帝は暴政で有名な変人のネロでした。ローマ大火はネロが自分で火をつけたのではないかとの噂がたったので、キリスト教徒をスケープゴートに仕立てて迫害が開始されたのだとされています。

六〇年代後半から七〇年代初期にかけて、パレスチナでは帝国対ユダヤ人の戦争が起こり、ユダヤ人は虐殺され、エルサレムもその神殿も完全に破壊されます。戦後は、クリスチャンはユダヤ教主流派と決別しました。

さて、ローマ帝国は軍事的・経済的・文化的膨張の中で、地中海各地の民族文化を攪乱《かくらん》しましたが、そんな中で普遍的な神と隣人愛のメッセージをもつキリスト教は、次第に勢力を拡大していきました。と、同時に、帝国当局も、文化の引き締めを狙うようになり、ローマの伝統的な神々の信仰の保護に向かいます。

ですから、どうしてもクリスチャンと国家および一般市民との間に緊張関係が続きます。キリスト教徒に対しては、幼児殺しをするとか近親相姦にふけっているとかの中傷が振り向けられたようです。

マルクス・アウレリアスは「哲人皇帝」として知られていますが、彼の時代（二世紀後半）には各地でキリスト教に対する迫害が起きています。ローマではひっきりなしに迫害していたわけでもなく、時期によって寛容になったり不寛容になったりしました（三世紀のデキウス帝およびワレリアヌス帝、四世紀のディオクレティアヌス帝の時代に迫害がありました）。

迫害の理由はクリスチャンがローマの伝統的な神々に犠牲を捧げないからなどとなっています。ローマは隆盛に向かうと同時に内部から衰退の兆しを見せるようになっていました。疫病や飢饉があるたびに当局が行なう伝統の祭礼に、クリスチャンは参加しません。こりゃあもう「非国民だ」ということになるわけです。

同様のことは歴史の中で繰り返されています。アメリカ、欧州、イスラム圏、ヒンドゥー圏、日中韓……いずこにおいても、社会が不安定になるにつけ、主流の文化になじまない異分子をスケープゴートにする動きが出てきています。主流文化と異なる宗教はターゲットにされやすいと言えるでしょう。

Q73 なぜそのローマ帝国の国教になったのか？

A73 結局、数で勝ったからです。一個のまとまった宗教としては大勢力となり、帝国としても無視できなくなりました。

迫害続きであっても、クリスチャンの数は増え続けました。ローマ、ギリシャ、エジプトなどの伝統的な神々の神通力は次第に衰えてきていたのです。

キリスト教に限らず、東方からさまざまな神々の信仰が現れては流行するということが繰り返されました。

かなり人気のあった宗教にミトラス教というのがあります。これはペルシャの神ミトラスの信仰ですが、この神はインド・ペルシャ系の多神教で昔から崇められている神であり、仏教にはマイトレーヤ（弥勒《みろく》）の形で取り込まれています（インドとペルシャは言語的には同系統の民族です）。

ローマ帝国に広まったミトラス信仰は、信徒を男性に限った密儀宗教であったようです。救済のための秘密の儀式を行なうんですね。ミトラス神には太陽神としての性格もあったようで、そのためローマ暦一二月二五日の冬至の日に祭礼を行ない、それがキリスト教のクリスマスとして取り込まれたことについては、すでにQ10で説明しました。

ともあれ、新宗教リーグ戦において、最終的にキリスト教が「勝者」となりました。ローマ帝国が一種の局地的「グローバル化」をもたらし、それによって攪乱された文化の混乱の中から、一個の宗教的覇者が現れたというふうに要約できるかもしれません。

キリスト教には、超越的な神への熱烈な信仰があり、普遍的な隣人愛という気高い倫理があると同時に、さまざまな思想を吸収できる弾力性のある神学があったということでしょう。

勝つ宗教の組織化

もちろん、勝利に到るまでの道程はけわしいものでした。Q72で説明したように激しい迫害――競技場でライオンに裂かれる！――もありましたし、他宗教との論戦もあり、内部的にも分裂の危険性が常にありました。

分裂の可能性は、教会内部の引き締めももたらしました。

一つは新約聖書の「正典」を編集したことです。キリストの伝記（福音書）はたくさんありましたし、教義に関する文書も無数にありましたが、その中から正式の教典としてふさわしいものを決定するという事業です。

まず、二世紀後半に『マタイ』『マルコ』『ルカ』『ヨハネ』の四福音書が公認されます。四世紀には現行の二七文書からなる新約聖書正典が定まりました。

また、教えの整備も進み、「信条」なるものが制定されました。信じるべき「父」「子」「聖霊」について整理した短い文です。そしてこの三者が「三位一体」をなすという教理が四〜五世紀に公認されます。

教会自体も、司教などの組織化が進みました。

宗教としての組織が明確化されていくこの時期に、国家のほうもこの宗教を公認するようになりました（三一三年）。やがて四世紀も末頃には「国教」と言っていい地位につきます。

しかし、ローマの国教となったその頃、肝心のローマは東西に分裂してしまいます。東のローマは「ビザンツ帝国」として一五世紀まで生き残りますが、西のローマはゲルマン民族の侵入とともに滅亡してしまいます。

西側では国家が崩壊していく中、ローマ教会が文明の衣鉢《いはつ》を継ぐ灯台となりました。ローマ教会が「ローマカトリック」として人類の灯台としての強い自負心をもっているのは、こうしたいきさつにもよります。

Q74 ユダヤ人を差別してきたのはなぜか？

A74 分かりやすく言うと近親憎悪ということになります。詳しく言うと、キリストを認めないユダヤ教徒は真理に敵対する者と見なされたわけです。

傍目には似た者どうしなのに、なぜか互いに反目し合う。こんな現象は世界中にたくさんあります。嫌韓と反日の応酬だって、欧米人やイスラム教徒から見れば意味不明な争いでしょう。共通項があるだけに、相違点が余計に憎くなる現象を近親憎悪と呼びます。宗教の場合、近親憎悪は深刻です。

二人の宗教家のうち、片方が神を拝み、片方が坐禅に打ち込んでいるのであれば、互いに重なり合うところがないので、喧嘩にならないかもしれません。

しかし両方が同じ神を拝み、しかもその解釈が異なっていたら？　それぞれにとって相手の主張は自分たちの世界観そのものを脅かすものともなり得ます。

キリスト教徒がユダヤ教徒を差別してきたことはよく知られています。これはどういうことなのでしょうか？

そもそも異教徒に対して差別意識を抱いていたのは、ユダヤ人の側も同様です。

イエスが生きていた時代、ユダヤ人は、自分たちと同じ神を信仰しているはずなのにエルサレムの神殿の権威を認めようとしないサマリアの住人を差別していました（Q63参照）。イエスの死後は、やはり同じ神を信仰しているはずなのにメシアに関する見解が異なるクリスチャンに対して反感を示すようになりました。クリスチャンはユダヤ人以外にも布教を始めましたので、ユダヤ教の主流派にとってはますます憎らしい存在となります。

他方、クリスチャンはクリスチャンで、神の新しい真理、すなわちキリストの出現を認めようとしないユダヤ人を、この神を最初から信じていない異教徒よりも憎らしく思うようになります。

イエスを裁判にかけたのもユダヤ教の祭司たちであったことを思えば、憎さは倍増します。そもそもイエスも弟子たちもユダヤ人であったというのに、クリスチャンは「イエスはユダヤ人に殺された」という認識をもつようになりました。

福音書からして、この偏見に加担しています。イエスの死刑を宣告したのはローマ人の総督ですが、福音書の記者たちは、悪いのは総督ではなく、「イエスを十字架にかけろ」と叫んで総督にプレッシャーをかけた「ユダヤ人」であるかのような描き方をしています。

かくしてキリスト教徒とユダヤ教徒の憎悪関係が固定化されました。

当初ローマ当局はキリスト教徒を迫害していましたが、四世紀にキリスト教は公認され、ついで国教となります。こうなると、キリスト教の天下です。キリスト殺しの子孫というレッテルを貼られたユダヤ教徒は、少数派に転じるや、もっぱら迫害される立場となりました。

中世〜近代の差別

中世を通じてユダヤ教徒は抑圧や差別の対象となっていましたが、ヨーロッパ社会が出来上がっていくにつれ、ユダヤ人差別は激しくなっていったようです。

一三世紀には、ユダヤ人は特別な衣服やマークを身に着けるように強制されます。それはキリスト教徒との交流や性的交わりを抑制するための手段です。具体的処置は地域によって色々でした。今日、シェイクスピアの『ヴェニスの商人』の演劇や映画を見てみますと、ヴェネチアでは赤い帽子を被らされていたようですね。

ユダヤ人は職業の選択も規制され、農業も商業も制約され、クリスチャンの就かない職業しかできなくなりました。その筆頭が利子をとる金融業です。中世後期のキリスト教社会では利子が禁止されていたのです。

というわけで、クリスチャンは必要に迫られてユダヤ人から金を借りるくせに、金貸しの行為を罪悪視するという偽善を続け、ユダヤ人をますます嫌悪するようになります。

近代化が進むにつれて、各国は国民国家体制を整える過程で、異分子であるユダヤ人を厄介者扱いし始めます。ロシアなどで迫害が起きたのち（その有様が、日本では森繁久彌が主人公役として評判を呼んだ有名な舞台『屋根の上のヴァイオリン弾き』に描かれています）、ついにはナチスによる数百万人の虐殺という結果を招きました。

Q75 グノーシス主義とは何か？

A75 古代に流行した宗教的思潮です。キリスト教においても一時期この系統の宗派が大いに流行しましたが、のちに異端とされるようになりました。

キリスト教は古代ローマ社会において成長していく過程で、ユダヤ教やローマの神々などと競合関係にありましたが、キリスト教内部の信仰の多様化にも悩みました。

現代では「多様性」は良いこととされていますが、新興の宗教にとってそれはたいへんまずいものです。宗教としての独自性が薄められてしまうからです。

グノーシス主義はそうした多様化の要因の一つでした。もともとこれはキリスト教と無関係にローマ帝国内に流行していた思潮です。多様な思想を含んでいましたが、特徴は、この世界を「悪い神様」に支配されたものと捉え、世界の外側にいる「良い神様」による個人個人の魂の救済を求めるという思考パターンをもっていることです。

個人はいわば「悪い神様」の世界に閉じ込められた捕囚です。その個人の魂の内奥に「良い神様」の真理の叡智（グノーシス）が見出されます。

キリスト教の場合、旧約の神と新約のキリストが、この二種の神に当てられます。旧約と新約とを断裂させる思想なんですね。

ちなみに、グノーシス主義的な思考パターンは、実はいつの時代にも出現しています。国家の混乱期など、世の中の制度や文化が破綻したとき、人々は、自らを取り巻く表の社会が「悪の勢力」に牛耳られていると感じます。そして自分の魂の内部にだけ「真実の世界」があると考える。自分だけの世界の奥義（グノーシス）を見つけて、世間に背を向けて生きようとする。こんな徴候が表れたとき、「グノーシス的」と称されます。

一九九〇年代以降の不況とともに若者が社会に希望を見出しにくくなった現代日本なども、アニメ文化などにグノーシス的な思考パターンが見られると言われています。たとえばテレビ版の『新世紀エヴァンゲリオン』（一九九五〜九六年）を見てみると、主人公碇シンジを取り巻く戦闘的社会は理不尽この上ないものである一方で、最終回の心理的な世界の中に奇妙な救いがあることになっています。否定的な公共社会、肯定的な精神世界という構図はなるほどグノーシス的と言えるでしょう。

キリスト教の主流派がグノーシス主義的な信仰を退けて、旧約の神と新約のキリストをイコールで結ぶ正統派神学を打ち立てたことには、さまざまな意味合いがあると思われますが、それは思想の「多様性」の単なる抑圧ではなく、公私の二極分化を促す思想に対する警戒であったかもしれません。

抑圧されたグノーシス主義の文献はあまり残っていなかったのですが、二〇世紀になって大量に発掘されました。

マグダラのマリアがイエスから真実を授かったという『マグダラのマリアの福音書』や、ユダがイエスの真の理解者であったという『ユダの福音書』などもグノーシス的な内容をもっています（これらについてはQ22、Q25でも簡単に触れました）。

これらはキリスト教における女性の抑圧の問題、悪人のレッテル貼りの問題を再発掘する上で、キリスト教界に刺激を与えています。

Q76 なぜカトリック教会と東方正教会は分裂したのか？

A76 教理の違い、組織の違いの他に、東西ヨーロッパの文化的な違いも大きかったようです。

一般には、ローマカトリック教会の教皇レオ九世と東方正教会のコンスタンティノポリス総大主教ケルラリオスが相互破門した一〇五四年をもって、「東西教会分裂」の年としています。これは三位一体の教理のディテールをめぐる論争や、中央集権的な教皇制をめぐる意見の対立などが原因ですが、すでにはるか以前から東西教会の間には差異が目立っていました。

そもそも古代のローマ帝国において、東西には言語の差がありました。西の半分はローマ市の言語、ラテン語です。東の半分はギリシャ語が国際語として流通していました。新約聖書はギリシャ語で書かれており、初期の教会はローマ市でもギリシャ語で説教していたようですが、五世紀には聖書のラテン語訳が完成し、西側ではラテン語が教会の公式言語になっていきます。

ローマ帝国自体、四世紀末に東西に分裂しています。経済的・政治的に東西が離れていくにつれ、文化や宗教の差も広がり、相互不信の度合いも高まりました。

古代においてローマ市は権力を有していたとはいえ、文化的には後進地域であり、なんといってもギリシャや中東のほうが文化が成熟していました。しかも西ローマは蛮族ゲルマン人の侵入とともに解体し、文化的にも暗黒時代となります。

そんな中でローマ教会がひとり頑張って立っていたのですが、東方の諸教会はこれについて行けず、東西教会は組織的にも連携がとれなくなります。

西のローマカトリック教会と東の正教会との違いをまとめますと、次のようになります。

☑総本山は？……西はローマ（バチカン）、東はコンスタンティノポリス
☑組織は？……西は教皇中心の中央集権、東は独立教会の総合体
☑政治との関係は？……西の教会は俗世の皇帝と緊張関係にあり、東の教会はビザンツ皇帝の指揮下にある
☑教えは？……大きな差はない。しかし、三位一体の細部の解釈、聖像のスタイル、教会堂での典礼のやり方などに違いがある

東の正教会地域は、本来は中東からトルコまでを覆っていたのですが、それらはすべてイスラム教に飲み込まれてしまいました。コンスタンティノポリスやギリシャもオスマントルコの領土となってしまいました（コンスタンティノポリスはイスタンブールと改名しました）。

というわけで、正教会のトップは事実上ロシアのモスクワに移ることになりました。ですから、ロシア人は、キリスト教を国教とするローマ帝国を受け継いだビザンツ帝国を受け継いだ国民であるという自負をもっています。

東西教会は一九六五年に相互破門を解きました。仲たがいはずいぶん長く続いたんですね。

一九世紀のドストエフスキーの小説を読んでも、登場人物たちが西の教会や宗教に対して疑惑の目を向けています。

Q77 十字軍の目的は何だったのか？

A77 表向きの目的はイスラム教徒からの聖地エルサレム奪還です。しかし、ビザンツ帝国を略奪するなど、ワケが分からんことになっています。

十字軍を英語で言えばクルセイド、十字軍兵士はクルセイダーズです。

現在では宗教的侵略行為や狂信的な「聖戦」の代表としてすっかりイメージダウンしたクルセイダーズという言葉も、一昔前までは「社会を刷新する者」というプラスの意味で使われていました。

アメリカのジャズ・クルセイダーズ、「青年は荒野をめざす」などで一世を風靡した日本のザ・フォーク・クルセダーズなども、その時代のネーミングです。今なら名乗れない名前です。

さて、歴史上の十字軍ことクルセイドは、いったい何をやらかしたのでしょうか？

十字軍というのは、一一世紀、東方からやって来たトルコ人がセルジュク朝を開いてビザンツ帝国を脅かしたとき、ビザンツ皇帝が西のローマ教皇にSOSを発信したことに端を発する、西欧の騎士たちの東方大遠征のことです。

ローマ教皇は教会の会議（公会議）を開いて、軍隊の派遣による聖地エルサレムの奪還を人々に呼びかけます。エルサレムは数世紀も前からイスラムの勢力下に入っていたのですが、キリスト教圏の人間たちを動かす大義名分として、聖地奪還が持ち出されたのです。

人々は熱狂し、各国から兵士が馳せ参じ——その熱狂ぶりは今日のIS（イスラム国）の呼びかけに応じるテロリストたちに似ているかもしれません——エルサレムに向かい、実際に聖地を奪還してしまいます（一一世紀末の第一回十字軍）。

これで万々歳だったはずなのですが、イスラム教徒だって黙って引っ込んだわけではありません。聖地は再びイスラム軍に占拠されます。そこで第二回十字軍が組織されますが、足並みがそろわずイスラム側に負けてしまいます。

十字軍の派遣は一三世紀後半の第八回十字軍まで散発的に続きます。気の長い戦争です。イスラム側は十字軍によってキリスト教圏に対するイメージを決定的に悪化させました。市民を虐殺し、財宝を略奪していく野蛮人というのが、十字軍兵士の実態だったからです。

西側にSOSを発信したビザンツ帝国もまた、十字軍の行状には呆れてしまいました。第四回十字軍などはコンスタンティノポリスに乱入して貴重な財宝をじゃかすか西欧に持ち帰ってしまったからです。完全なる本末転倒です。

十字軍熱に取りつかれたのは、諸侯や騎士たちばかりではありませんでした。貧困な庶民もまた、貧相な装備のまま聖地に向かうことがありました。彼らは旅の途上で自滅していったようです。「少年十字軍」なるものも組織されたのですが、あわれ子供たちは聖地にたどり着く前に奴隷として売られたという話も伝わっています。

宗教的熱狂に火をつけた要因の一つは、教会が十字軍参加者に保証した「死後の罰の免除」です。今のイスラム・テロリストが、「死んだらイスラムの楽園に行ける」と教え込まれているのと似ています。

戦争のキャンペーンないし集団的熱狂というのは、多かれ少なかれ同様の狂気を伴っています。大日本帝国でも文化大革命でも、ポピュリズム選挙でも、我を忘れた集団行動というのは、みなどこか似たものです。

また、十字軍に限らず、歴史を通じて人類は世界中で残酷な殺戮や略奪を行なっていたことも忘れてはいけないでしょう。キリスト教信仰によって連帯していた西欧においては、それが宗教の大義名分をもっていたわけですが、宗教の関与の有無は問題の本質ではないかもしれません。

Q78 中世の異端審問とは何か？

A78 一二～一三世紀にカトリック教会において制度化された異端者の裁判のことです。容疑者は専門の審問官によって追及され、異端者と決まると火刑に処されます。

どんな宗教組織にも中央の見解に沿わない宗派というものはあるもので、それがいわゆる異端となります。キリスト教のような一神教の場合、正統と異端とをかっちり色分けしようというモチベーションが高いようです。仏教などは何が正統で何が異端かなんて誰にもはっきりしたことが言えないほど多様な宗派が入り乱れていますが。

しかし、異端を見つけて効率的に裁判にかけて世間の見せしめにすることを制度化したのは、中世も後期になってからのことでした。古い時代には究極の異端者は破門に処されたのですが、今度の場合、最悪の場合火刑となります。

一一～一三世紀は対外的な十字軍に明け暮れていましたが、キリスト教世界の内部にだって異分子が存在しているのだから、それもまた「十字軍」の対象となります。

一二世紀後半のフランスにはカタリ派というものがありました（一部はアルビジョワ派とも呼ばれます）。これは善と悪の二つの神を立てる独特な宗教であり、起源は三世紀のペルシャに起こったマニ教という（グノーシス系の）宗教にあります。これに対しては「アルビジョワ十字軍」なるものが組織されました。

　このような「異分子」たちが他にも出現していました。そういう状況を受けて、教会のほうも異端者の効率的な審問の制度化に着手します。世俗の君主たちも異端者の発見に協力するようになり、一四世紀には異端審問の手続きが整います。

　そして、異端審問においては拷問が合法化されました。

　処罰としての拷問は昔からどこの世界にもありましたが、異端審問に伴う拷問が特殊なのは、これが容疑者から事実を引き出すためのシステマティックな手続きとして行なわれたことです。そういう意味で異端審問の拷問は「近代的」であるとも言われます。

　肉体や精神を痛めつけるのは、もちろん野蛮であり「前近代的」です。しかし、容疑者を徹底的に反省させることで、そこから何らかの真実が引き出せると考えるのは、むしろ「近代的」な発想に近いのです。だからこそ、近代国家の警察組織は――人権問題がクローズアップされるようになるまで――システマティックに整備された拷問まがいの手口を頻繁に用いるようになったわけです。

　実は、この「徹底的に反省させることで真実を明らかにし、魂を善に導く」というのは、同じ時代に教会が制度化した「懺悔（告解）」の秘跡にも通ずる考え方です。異端審問と拷問とカトリックの告解と近代国家との間に論理的な関係があるという見立てをしている人類学者もいるほどです（タラル・アサド『宗教の系譜』）。

Q79 キリスト教はなぜ布教に熱心なのか？

A79 福音書の描くところでは、イエスが全世界への伝道を命じたことになっているのです。

十字軍であれ異端審問であれ、ユダヤ人への差別であれ、キリスト教徒が布教伝道に熱心であることから生じたものです。しかし、なぜクリスチャンは遮二無二人々に改宗を迫るのでしょうか。

『マタイによる福音書』では、復活したイエスが弟子たちに次のように告げています（二八章）。

「わたしは天と地の一切の権能を授かっている。だから、あなたがたは行って、すべての民をわたしの弟子にしなさい」

こう強く命じられたら、やっぱり布教伝道しないわけにいかないのかもしれません。他の福音書にも、『使徒言行録』にも全世界への布教を促すような言葉が見られます。

宗教的な教えがもし普遍的真理であるならば、確かに地上のすべての民がその真理を受け入れるべきでしょう。他の宗教でも潜在的には同様に考えています。

仏教は布教に熱心ではありませんが、仏法はあらゆる衆生《しゅじょう》に普遍的だとの立場です（あらゆる衆生というのは、キリスト教の「すべての民」よりも大きな概念です。宇宙中の全生物を意味するからです）。

しかし、仏教の坊様は人を追いかけて捕まえてでも布教しなければならないとまでは考えていません。なぜでしょうか？

その理由はたぶんこうです。仏教では輪廻《りんね》という考え方をとっていますので、今生きている人間たち・衆生たちをすぐにも救わなければならない必然性がないのです。来来来来来……来来来来世のどこかの時点で、ご縁があれば仏法に触れる機会もあるはずだからです。

キリスト教には輪廻がないので、今生しか真理に触れる機会がない。だから、親切心から伝道に馳せ参じたくなってしまうのです。

しかし、宣教師が躍起になって布教して歩いても、しょせんは限界があります。二千年かかってようやく人類の三分の一ほどを形式上クリスチャンにしたのですが、今も昔もクリスチャンではない人間のほうが多いではありませんか。

では、非クリスチャンの運命はどうなるのでしょうか？　みんな地獄行きでしょうか？　キリスト教のことをたまたま知らなかっただけで地獄行きにするというのは、愛の神のやり方としてはいかにも不手際です。そこで中世には、非クリスチャンは辺獄（天国でも地獄でも煉獄《れんごく》でもない、絶望もなければ希望もない世界）に送られると考えられていました。これもまた妙な話ですが。

というわけで、よーく考えると、一神教徒だからといって、是が非でも布教伝道しなければならない必然性はなさそうです。そのためか、イスラム教では伝統的に布教に不熱心でした。イスラム教徒になってくれればうれしいが、そうでなくても、まあ、いい。

近代以降のクリスチャンの布教の熱心さには、次のような側面もあると思われます。

大航海時代に入って、ヨーロッパ人は地球の裏側にまで行くパワーを得ました。商人や政治家が世界全体を支配しようとしているならば、宗教者もついて行って彼らの魂の世話をしなければならないでしょう。そしてそこに現地民がいるのであれば、そこに山があるから登ってしまうアルピニストのように、現地民に布教することになります。

植民地の支配者たちは自分たちの勝ち得た帝国主義的な権力を神の恩恵と考えました。宣教師たちはこうした状況に乗っかって、自分たちの仕事をしたのです。キリストが命じたというだけでは、わざわざ地球の裏側まで行って布教活動はしなかったでしょう。

Q80 修道院の目的とは何か?

A80 禁欲を旨として全生活を神に捧げようとする人（修道士や修道女）が清貧と貞潔と従順の生活を送る集団生活の施設です。

言葉が色々あるので整理しますね。

まず、個人のレベルでは修道士（モンク、フライアー）・修道女（ナン、シスター）と言います。集団のレベルでは修道会（オーダー）と言います。そして空間のレベルでは修道院（モナステリー）となります。

ちなみに仏教では出家者と在家者を区別しますが、出家者というのは戒を守って集団生活を行ない、徹底的に悟りを求める人たちのことです。僧侶とは出家者のことであり、英語では修道士や修道女と同じくモンクないしナンとなります。

ですから、仏教の坊様に相当するのは、平信徒の世話をする神父さん（カトリック）や牧師さん（プロテスタント）よりもむしろ修道士・修道女ということになりますね。

もっともプロテスタントには原則として修道士・修道女はいません。清貧や貞潔によって神の意に沿おうとすることをプロテスタントは無意味と考えたからです。

カトリックにはさまざまな修道会があって、それぞれ違った特徴をもっています。よく知られた名前を挙げますと……古代からある代表的な修道会が、ベネディクト会です。これは修道院の中で厳しい戒律に服して共同生活を送ることを理想としています。中世にはクリュニー会、シトー会という同様の趣旨をもつ修道会も生まれました（そのシトー会の系列のトラピスト会は、日本では「トラピストクッキー」で有名ですね）。

中世後期のヨーロッパでは都市の発展が著しかったのですが、これに応じて、修道院の内部にじっと坐っているのではなくて町に繰り出して托鉢《たくはつ》しながら宣教して回ろうというタイプの修道会が誕生しました。フランシスコ会やドミニコ会です。これらを托鉢修道会と呼びます。

日本に宣教に来たフランシスコ・ザビエルはイグナティウス・デ・ロヨラに賛同してイエズス会を開いています。日本のキリシタンを導いたのはイエズス会でした。

Q81 免罪符とは何か？

A81 中世後期のカトリック教会で売り出した、死後における罪の償いを軽減するとされるお札のことです。これを堕落であると批判して誕生したのがプロテスタント教会です。

犯した罪は神の赦しを得られますが、罰は残ります。古代の教会では、罪を告白した信者は、かなり長い間、改悛の行を科せられました。

こうした償いは死後にも続き、いわゆる煉獄でたっぷり絞られることになりますが、いつからか、生前の善行などによって死後の罰が軽減されると考えられるようになりました。

そして、中世の末期、カトリック教会は、いわゆる免罪符（贖宥状《しょくゆう》）なるものを販売するようになります。これを買って教会の金庫を潤わすことができたら善行になるので、罪の償いは軽減し、これで死後も安泰です。

ということはつまり「坊主丸儲け」の産業が成立したということです。実際、坊様たちはサン・ピエトロ大聖堂の建設費の捻出などにこれを用いました。

ここに教会の堕落を見てとったマルティン・ルターは、一五一七年に教会の扉に問題点を追及した紙を貼り出し、宗教改革の口火を切りました。

ルターは、免罪符のみならず煉獄思想そのものもよろしくないと考えました。

結局、ルター派では、聖職者の組織そのものが余計であるということになり、万人が祭司であるということになります。人間の善行によって救いを勝ち取ろうという考えはすべて否定され、救いは信仰のみにあるという「信仰義認論」が徹底されます。

というわけで、今日でも、プロテスタント各派は、教会のシステムではなく個人の良心の決断こそを重視します。そして権威があるのは教会や聖職者の慣行ではなく聖書のみであるとしています。

プロテスタントの諸教会と近代化

一六世紀以降、カトリック教会に反旗を翻した教会――プロテスタント教会――が雨後の筍のように誕生したのですが、これらはほんの少し前であれば、みな異端者ということになり、首謀者は火あぶりの刑を免れなかったでしょう。

中世末期から近代にかけての時代の変化というのは非常に大きいものでした。

そしてこのプロテスタント教会が宗教の重々しいシステムをどんどん簡略化していったので、結果的に、国家の政治やビジネスが独自の論理で運営しやすくなりました。かくして近代化が推進されました。

プロテスタントの教会が増殖を続けるのも、ある意味で当然のことでしょう。いったん絶対の権威（ローマ教皇を頂点とする中世のカトリックの組織）を否定してしまったのだから、プチ権威が次々と現れるのを妨げるものはありません。

Q82 なぜ英国の宗派は国教会となったのか?

A82 英国王ヘンリー八世が自分の離婚問題でローマと対立したため、英国の教会を独立の教会にしたのです。

英国人がみな英国国教会に属しているわけではありませんが、英国のキリスト教会というと、まず第一にこの名が挙がります。なんせエリザベス女王がこの教会のボスなのですから。

英国は国教制度をとっています。しかし英国国教会（イングランド国教会）は政府とは独立の組織であり、他の宗教・宗派の信者に対しても信教の自由が保証されています。英国国教会と同系列の教会が世界中にあり、「聖公会（アングリカン・チャーチ）」と総称されています。

さて、では、この英国独自の教会組織はいったいプロテスタントに入るのかカトリックに入るのか?

「プロテスタント」というのが答えです。

つまり教理がプロテスタントに近いのです。

しかし、教会内の儀式のやり方などはカトリックに近い。つまり、宗教的に中間的な性格をもっているのです。

ややこしいですね。

英国国教会が生まれたいきさつはこうです。

英国の本体であるブリテン島は、古代末期に、一足先にキリスト教圏に入ったアイルランドからの宣教師によってキリスト教の洗礼を受けました。以後、中世を通じて、周辺諸国と同様、英国はローマカトリック教会に属していました。

しかし、一五三四年、時の国王ヘンリー八世は、自らが英国の教会を率いると宣言します。つまりローマとの関係を断ったのです。

なぜ？

その理由は、求めていた王妃との離婚（結婚の無効）を教皇に拒否されたからというものです。

というと、なんだか節操もないという感じがしますが、王様自身は理論的に国教会の首長たる権利を論じましたし、それに離婚問題そのものも、私的な話ではなく、外交がらみの政治的な問題でした。

その後、メアリー一世のときにはカトリックに復帰、エリザベス一世のときに再びカトリックから独立しました。その後も、この体制を批判する者たちが続出しました。カトリック教徒も、プロテスタントのピューリタンも批判しました。

エリザベス一世の方針はカトリックとプロテスタントの中道を歩むというものでしたが、それを受け入れず、プロテスタント寄りの聖書中心主義に改めるべきだと考えたのがピューリタンです。彼らはやがて弾圧を受けるようになると、大挙してアメリカに移住していきました。

アメリカ合衆国は、旧大陸の悪から逃れたピューリタンが大洋を横断して新天地にやって来て神の理想国家をつくったのだという建国神話をもっています。

宗教改革と戦争

以上の流れからも分かるように、宗教の改革運動というのは、心の問題ばかりに留まるものではなく、必ず政治的な問題に発展します。

その果てに起こるのが迫害、弾圧、そして戦争です。

英国がカトリックかプロテスタントかで揺れていた時代に、シェイクスピアが活躍しました。

彼自身はカトリック的な環境のもとで育ったらしく、彼の身の回りの人間がカトリックとして弾圧されて八つ裂きの刑などに遭ったものですから、戯曲の中では宗教に対してニュートラルな姿勢を見せています（シェイクスピアが近代的と言われる理由の一つが、宗教的な公平性にあります。『ヴェニスの商人』では、ユダヤ教徒から見てクリスチャンのやっていることが矛盾だらけで残酷であることまで書いています）。

ヨーロッパ各国でもカトリックとプロテスタントの戦争が相次ぎました。

南仏ではユグノー戦争というのが起きています（一六世紀後半）。これによりプロテスタントはカトリックと同等の政治的権利を引き出しています。

スペインに支配されていたオランダでは、スペイン国王のプロテスタント弾圧に抗して長期にわたって独立戦争を起こしました（一六八一年ネーデルラント独立）。

ドイツ地域ではカトリックとプロテスタントの対立から諸国入り乱れての大戦争が勃発し（三十年戦争、一六一八～四八年）、国土は荒廃し、おかげでドイツはしばらく後進国になってしまったと言われています。

Q83 キリスト教は科学を抑圧したのか？

A83 キリスト教は科学を抑圧もしましたが、育てもしました。そもそも近代科学の創出に行きついたのはキリスト教文化圏だけであったという事実は大きいと思います。

ガリレオが地動説を唱えてカトリック教会から弾圧されたという話が有名なためか、宗教は科学を抑圧するというイメージがあります。

確かに宗教が科学を抑圧することはよくありますが、ここで主語を「宗教」とすることには問題があるだろうと思います。つまり、知性の世界にはあらゆる時代に保守的な動きと進歩的な動きというのがあり、その両方に宗教がかかわっているからです。

少なくとも近代初期においては、科学の法則を見つけてやろうと日夜努力するその精神的活力源の一つが、神の創造した世界の秘密を明らかにしようという動機であったことは間違いないでしょう。ニュートンなどにはそうした動機が窺えます。

「神」が世界の諸現象の究極の原因だと考えられている世界では、その「神」の意思の発現として世界に潜在する神の知性の証拠を見出そうとする意欲も芽生えます。

中国やインドは大文明でしたが、ついにそこまで思いつめることはありませんでした。火薬や羅針盤や紙を発明したとしても、そこには理論がないのです。

江戸時代の日本人は数学を知的ゲームとしており、微分や行列の難しい問題を見事解いた人がその計算式を絵馬にして神社に奉納するなんてことをやっていましたが、これもついにオタク芸に留まり、普遍的な原理の探究というところまではたどり着きませんでした。

この点、イスラム世界には神が創造した世界全体の総合的な構造を理解したいという強い動機があり、おかげで一三世紀までは非常に進んでいたと言われます。しかし、その後は衰退し、かわりにルネサンスを経たヨーロッパが科学革命の推進者となりました。

さてしかし、キリスト教なりイスラム教なりの神様が科学者の精神を鼓吹したということはあったとしても、宗教というのは、ただの動機付けやインスピレーションに留まるものではありません。キリスト教にもイスラム教にも具体的な内容をもった教理というものがあり、その具体的な文言が科学の理論と衝突するということも起こり得ます。

実際、そのようにして起こったのが、コペルニクスが提唱しガリレオが推進した地動説に対する教会からの干渉であり、あるいはダーウィンが提唱した生物進化論に対するファンダメンタリストの反対運動です（Q88、Q89参照）。

こうなると、科学にとって宗教はまさしく邪魔者ということになります。しかし、そうした保守派の宗教に抗して科学を推進している研究者が個人的には宗教的インスピレーションを受けているということは、常にあるでしょう。

つまり、宗教——あるいはキリスト教——というものを、どのようなレベルで理解するかによって、宗教（キリスト教）が科学を推進する（した）のか抑圧する（した）のか、答えは変わるということです。

Q84 なぜキリスト教世界は真っ先に近代化できたのか?

A84 あまりにも大きな質問なので答えられませんが、修道院などの禁欲主義が変形して近代社会の規律を生み出したという見方があります。

「近代」なるものを開いたのが英米独仏伊などの欧米諸国であることに異論はないでしょう。で、これらの国がプロテスタントとカトリックのキリスト教国であることは間違いありません。では、キリスト教（西方のキリスト教）と近代化との間には何か相関関係があるのでしょうか?

近代化は政教分離や教会権力の抑制、社会の世俗化とも関係がありますから、キリスト教の聖職者や神学者が率先して近代化の旗を振ったわけではないでしょうが、西方のキリスト教の思想や習慣と、近代社会の思想や習慣との間に影響関係があったということは大いに考えられます。

社会全体が精密機械のようになった近代

ところでその「近代」（近代社会、近代文化、近代的制度）の特徴とは何でしょうか？

真っ先に思いつくのはまず科学とテクノロジーの発展ですね。ルネサンス以来の科学革命や医療の発展が何よりも近代の目に付く指標です。

しかし科学やテクノロジーが効率的に発展し、それが社会生活に影響を及ぼすようになったのは、産業構造の変化によるものです。つまり工場生産や流通革命を含む産業革命が必要です。これはイギリスで始まりました。そして工業や商業が「ビジネス」として効率的に展開したのは、資本主義が制度化され、お金と労働が回転するようになったからであり、人々が規律正しく働き、官僚制度が整ったからです。

そしてそれは法制度の完備を必要とし、農村から抜け出た労働者が都市市民として自発的に活動できるような政治の仕組み、みなが間接的にでも政治参加できる民主主義が必要です。英米仏などが率先して政治改革や民主革命を進めていきました。

というわけで、科学、テクノロジー、医療、工場、教育、官僚制、法制度、金融、政治……

の各方面が全体でセットになって精密機械のように動くようになったのが近代だということになります。そしてそれを推進していった巨大な組織が「近代国家」です。

私たちは「近代」というとフランス革命の標語「自由、平等、博愛」を連想します。近代的な社会とは、自由で愛に満ちた平等な社会なのだと。しかし、冷静に考えてみると、近代の特徴はむしろ社会全体が精密機械のようになったことであり、個人が部品としてせっせせかせっせか働かされるようになったという点にあります。

個人が社会の因襲から解放されて自由になったとは言うものの、実際には学校や職場で効率よく働けるマシーンになるように訓練されているわけです。ノーベル賞級の自発的なアイデアなるものですら、競争のプレッシャーの中でひねくり出すように強要されています。

ブラック企業は「前近代的」なのだと言われますが、しかし、実のところ、近代というのは、常に、社会の底辺レベルでブラックな搾取を再生産しているのではないか、ブラックではない近代というのは存在しないのではないかという疑惑が常にあります。

実際、西欧列強の近代化というのは世界レベルでの搾取のシステム——植民地化——とセットで起きたことです。そうした矛盾の中に「近代」というのは成立しています。

神様のための禁欲と近代のブラックな勤勉

さて、では、この勤勉な精密機械としての近代社会と西欧のキリスト教の間には、歴史的な因果関係があるのでしょうか？

あるという見解が昔から提出されています。

たとえば、近代資本主義では儲けたお金は湯水のように使い果たすのではなく、次なるプロジェクトに計画的に投資されていきますが、こうした生真面目な勤勉というのは、中世の修道士たちが神様のためにシステマティックに禁欲に励んでいたことの近代バージョンだという見方があります。

この見方によると、近代化のきっかけとなったのは、プロテスタント宗教改革です。それまで修道士ばかりが禁欲に励んでいたのですが、宗教改革を済ませた社会では、王侯貴族から一般庶民までが神のための禁欲に励むようになった。自分の職業に邁進することで神様の栄光を増大させようということになった。

自分のためじゃなく、終末の主宰者である神様のためというのがミソですね。この神様が蒸発してしまうと、今のためではなく未来のための際限なき投資というパターンとなります。

二〇世紀によく読まれた社会学者マックス・ウェーバーの『プロテスタンティズムの倫理と資本主義の精神』は、宗教改革と近代資本主義の連関を論じた本です。

また、哲学者のミシェル・フーコーは、修道院の寄宿学校から、監獄、学校、病院、軍隊、工場へとシステマティックな規律ないし訓練の技術が受け継がれ、近代国家におけるビシバシやるビジネスライクなライフスタイルの定着につながったと見ました。

すでに紹介した人類学者タラル・アサドは、中世末期の教会に体系化された罪の告白や異端審問の拷問が、こうした「近代化」につながっていると見ています（Q78参照）。勤勉な職業倫理と言うと聞こえがいいのですが、その正体は軍隊式の規律です。また、良心に基づく告白と言うとこれまたかっこいいのですが、告白と拷問とは表裏一体であると。

そういうのが中央集権的な元祖プロジェクト企業であるカトリック教会で用意されたというのは、話としては合っているように思われます。

まあ、宗教の働きを過大視するのもよくないかもしれません。近代化は結局、ヨーロッパという土地に集積された、物質的・社会的なさまざまな要因の共同作用が生み出したものだからです。

最近「ビッグ・ヒストリー」なるものが流行しています。これは、ビッグバン、地球の誕生、生物進化から人間の歴史時代までを通しで見ていく自然科学中心の歴史です。ここでは歴史の展開における宗教の働きは重視されていません。

私たちとしては、複眼的な視点をもって歴史を見ていきたいと思います。宗教の働きを過度に重視するのもいけないし、無視するのもいけない。また、近代化を人類史の偉大な展開とばかり見るのもいけないし、「人間の終焉」をもたらす牢獄の始まりとばかり見るのも極端です。もし近代化においてキリスト教が一役買ったのだとすれば、それは両義的な働きであったということになるでしょう。

キリスト教の隣人愛が制度化されたのが近代であるかもしれないし、世界の終末へ向けての神への奉仕がブラック化したのが近代であるかもしれない。

いずれにせよ、イスラム圏もヒンドゥー圏も漢字文化圏も生み出さなかったものです。学んで取り込みはしましたが、自発的には生み出すことはありませんでした。

コラム5 映画で知るキリスト教

Q85 『薔薇の名前』の主人公はなぜイギリス人なのか?

『薔薇の名前』はイタリアの有名な記号学者ウンベルト・エーコの書いた小説を映画化した一九八六年の作品です。監督はジャン＝ジャック・アノーです。

この映画が注目された理由の一つは、中世の修道院の暮らしを本格的に再現して描いているからです。時代考証を引き受けたのが、パリ大学のジャック・ル・ゴッフ教授。彼を含むアナール学派は、従来の政治事件中心の歴史記述を改め、経済学や人類学の知見を交えて民衆の文化史を掘り起こしました。

さて、物語は修道院の殺人事件をめぐる推理・サスペンスものです。主人公の「バスカヴィルのウィリアム」修道士は、初代007、ショーン・コネリーがシブく演じました。

ウィリアム修道士はイギリス人です。彼はもはや中世の宗教的世界観から抜け出ています。弟子のアドソが村娘と交わったとしても道徳的に責めません。こうした合理主義的で経験主義的な人物は、キャラとしてイギリス人である必要があったはずです。

　バスカヴィルのウィリアムというフランシスコ会士は架空の人物ですが、なぜ「ウィリアム」なのかと言えば、近代哲学の先駆者とされるオッカムのウィリアム（一二八五〜一三四七）という実在のフランシスコ会士にちなんだからです。「バスカヴィル」のほうはコナン・ドイルの「シャーロック・ホームズ」シリーズの一冊『バスカヴィル家の犬』にちなんだもので、やはり知的推理を暗示するネーミングです。

　中世イギリスには科学の先駆者ロジャー・ベーコンという学者もおりました。ヨーロッパでは、イギリスはちょっと変わった文明だと認識されています。国教会の独立、シェイクスピアの芝居、産業革命、チャールズ・ダーウィンの進化論、推理小説の誕生、ビートルズ現象、ＥＵ離脱……いずれもどこかドライで神話破壊的な要素のある出来事です。

第六章
現代のキリスト教をめぐるクエスチョン

Q86 妊娠中絶がなぜ問題になるのか?

A86 神が天地を創造したという神話に表れているように、キリスト教では個人の命の起源を神に帰する発想をしますので、伝統的に中絶を「罪」としてきました。

聖書的伝統では胎児は個体と認識されてきましたし、中世の昔からキリスト教では中絶を罪としてきました。そういう生命観なんですね。

神と人間が対峙し、生と死がかっきりと分かれている世界観では、個体がどこから始まるのかという意識も高く、個体が発生したときから命を守らなければならないという思考につながっていきます。

これと比べたとき、仏教世界は輪廻《りんね》という発想をしますから、個体の誕生と死の意味も幾分か曖昧化します。誕生前にも生があり、死後にも（現世と同様の）生があるのですから。

非キリスト教圏の日本では、絶対的貧困の中で村人たちがなんとか生き延びるために堕胎や間引きを昔から普通に行なっていました。キリシタン時代の宣教師はこれを見てけしからんと考えましたし、明治になってからもキリスト教会はこの点を批判しています。

生存者の都合で赤ん坊を殺すのは手前勝手だとも考えられますが、じゃあ絶対的貧困の問題はどうなるのだということになります。

実は西洋は、世界への居住地の「拡張」という形でこの問題を回避してきました。今日世界中に西欧系の人々が暮らし広大なキリスト教圏をつくっているのは、植民地支配や現地人の搾取と無関係ではありません。

生命の尊重は拡張主義と表裏一体であり、地にしがみつく生存は嬰児《えいじ》殺しとセットである。皮肉なジレンマです。

今日、西欧において中絶を是認しようという動きが広がっているのは、別種のジレンマの表れです。

胎児を守るという大義と、女性の人生の権利を守るという大義とが原理的にぶつかる場合がある。一律に中絶反対と言っているのが、子を産むわけでも育てるわけでもない男性の聖職者だというのも「身勝手」な話だと批判されています。

西欧型キリスト教の世界は何事もシロクロをはっきりさせようとしますから、日本のように、堕胎しつつ水子地蔵を立てて霊魂を供養するというやり方は陰でこそこそやっているように見えます。逆に、西欧には中絶推進と中絶絶対反対をめぐる「原理主義」的な対立があって一向に話し合いがつかない。中絶を行なった医者へのテロなどもありました。

どちらが合理的かという問題ではなく、どちらも矛盾と苦悩を抱えざるを得ないという問題です。

ちなみに、カトリック教会は、セックスにおける避妊対策すらよろしくないとしています。オギノ式はOKなのだそうですが。

Q87 同性結婚をどう考えているのか?

A87 伝統的に同性愛を忌避してきた聖書世界ですが、リベラルな教会は同性愛の存在そのものを認め、同性愛者どうしの結婚を認める方向に向かっています。

キリスト教もユダヤ教も同性愛を罪と見なしてきました。今日の一般社会では、異性愛者が単に異性愛者であるように同性愛者は単に同性愛者であることが認められるようになってきましたが、保守派の中には、同性愛者の存在自体を否定したり、存在を認めるが性的な同性愛行為を罪と見なしたりする人々がいます。それも神と聖書の名によって。

キリスト教界は同性愛および同性結婚に対して判断が割れている状態です。「ゲイは罪だ」と書いたプラカードを振り回している原理主義者もいるし、難なく受け入れている教会もある。

「キリスト教は同性愛者を受け入れられるか?」という思考法自体が間違っているという指摘

もあります。というのは、「受け入れる」という発想では、多数派である異性愛者のみに判断の権利があることになるからです。同性愛者の処遇を彼らと無関係な異性愛者に委ねるというのは奇妙なことではないのか？　同性愛者が「私はクリスチャンだ」と宣言してしまえば、誰にも文句は言えないのではないか？

さて、同性愛問題が政治的な争点となるときは、欧米社会では、主に、同性どうしの結婚を認めるかどうかという形をとります。結婚とは、とどのつまり社会的・経済的な生活上の便宜ですから、単に天然自然に同性愛者であるというだけでそれを認めないのは不平等ではないかということです。

二〇一五年の六月に、アメリカの連邦最高裁判所が全州での同性結婚を認める判決を出したことは日本でも大きなニュースになりました。しかし、ヨーロッパの先進国ではすでに認めている国が多いのです。ヨーロッパはその点、ドライです。

アメリカのピュー研究所のまとめたところによれば、二〇一五年七月の時点で、同性結婚に対するアメリカの宗派ごとの判断は次のようになっています。

アメリカ福音ルター派、アメリカ聖公会、ユニテリアン、クエーカー、キリスト連合教会(会衆派)、長老派、ユダヤ教の保守派と改革派は同性結婚ＯＫ。

反対派はカトリック、合同メソジスト、南部バプテスト連盟、アメリカバプテスト、ナショナルバプテスト、ルター派のミズーリ・シノド、アセンブリーズ・オヴ・ゴッド、東方正教会、モルモン教、エホバの証人、ユダヤ教正統派、イスラムとなっています。

仏教やヒンドゥー教は「意見なし」です。

キリスト教徒がほとんどいない日本では、同性愛を「罪」と見なす発想はそもそもなかったのですが、明治以降の奇妙な感化によって、差別意識は徐々に強まってきました。

お坊さんたちは、LGBT問題に取り組んでいる一部の方々を除いて、「意見なし」状態のままのようです。差別するのも差別に反対するのもキリスト教界は積極的ですが、人権を含む社会問題に関して動きが鈍いのが、仏教界の特徴となっています。

Q88 ドーキンスはなぜ「神は妄想である」と言うのか？

A88 ドーキンス教授が進化生物学者であるというところにご注目ください。アメリカなどの保守的クリスチャンは、聖書の名によって生物学的進化論を否定しているのです。

イギリスの生物学者のリチャード・ドーキンスは『神は妄想である』という著書で有名ですが、科学的な立場から無神論を積極的に説いていることでもよく知られています。

アンケートで無宗教と答えつつ霊を信じるとも答える曖昧な状態でよしとする日本人の感覚からは、何もそんなムキにならなくても……と思いたくなるかもしれません。

欧米ではなぜ無神論推進運動が盛んなのか？　社会的背景として、世界には宗教の名によるヘイトクライムやテロが蔓延し、原理主義的な宗教的保守派が政治的な力を発揮しているということがあります。

アメリカのドナルド・トランプ大統領を当選させた勢力の中にも反知性的な人々が大勢いて、そこには宗教的右翼の影響があります。

自然科学は何事も論理的に一か○かをはっきりさせる世界です。ドーキンスは、この際根本的なところにさかのぼって、つまり聖書やコーランの説く「神」の存在の妥当性の問題にさかのぼって、シロクロをはっきりさせようじゃないか、と頑張っているわけです。

ファンダメンタリストの増殖

ドーキンスは生物学者です。生物学者が神の妄想性の問題に対して敏感であるのにはわけがあります。というのは、ファンダメンタリストと呼ばれる宗教右派が進化論を頭から否定しているからです。

ファンダメンタリストは「原理主義者」などとも訳されますが、キリスト教的には、本来

「根本主義者」と訳されます。これは二〇世紀初頭からある宗教的運動の総称です。

彼らの歴史を見てみましょう。

近代化の進行とともにキリスト教の解釈も次第にリベラルなものになっていきましたが、それではいけないと、信者が守るべき「根本的事項（ファンダメンタルズ）」を提唱した人たちがいました。ファンダメンタリストという名称はここから生まれたあだ名です。

彼らの言う根本的事項とは、聖書の内容が文字通り真実であること、神が生物と人間を無から創造したこと、奇跡があること、キリストが処女から生まれ、人類の罪を背負って死んで身体的に復活したことなどです。

今日「ファンダメンタリスト」という言葉は、とくに「聖書の内容が文字通り真実であること」にこだわっている人たちを指して用いられます。

なお、現代のキリスト教では、信仰に目覚める回心体験をもち、社会への伝道に積極的な人々を「エヴァンジェリカル（福音派）」と呼びます。彼らは聖書を字義通りに読む傾向が強いので、エヴァンジェリカルとファンダメンタリストはしばしば言葉の上で交錯しています。

ファンダメンタリストが世間に知られるようになったきっかけは、一九二五年にテネシー州で起きた「モンキー裁判」でした。これは、公立校で進化論を教えてはならないという州法をめぐって、進歩派と保守派が争った裁判です。双方の弁護を担当したのが著名な人物であり、全国にラジオ放送されたことによって、ファンダメンタリストの存在に全国的な注目が集まりました。

モンキー裁判ではファンダメンタリストは笑いもの扱いだったのですが、それでも保守的な州や階層において、彼らは隠然たる勢力を保ち続けます。そして一九七〇年代、ドラッグをやるヒッピーたちが禅やヨーガで宇宙的覚醒などを標榜するようになった頃、キリスト教の保守勢力も負けてはなるものかと発奮するようになり、ロナルド・レーガン大統領の時代（一九八〇年代）には、彼らの影響力は無視し得ないものとなっていました。

ジョージ・W・ブッシュ大統領時代（二〇〇一～〇九年）を通じてアメリカ社会の保守化および社会の分裂は徐々に進行し、今日のトランプ現象につながったという次第です。

ファンダメンタリストは公立校で進化論を教えることに反対し続けています。神は六日間で全生物と人間を造ったのだから、生物進化論なんてウソッパチだというのですね。

アメリカは世界一ノーベル賞の受賞者が多い国ですが、同時に生物進化論を信じないと表明する人も非常に多い国です。社会が二分されているのです。

こういう状況があるので、同じ英語圏の科学者として、ドーキンスのような生物学者がキャンペーンを張りたくなるわけです。

『神は妄想である』は、ファンダメンタリストがどうこうというよりも、もっと一般的な見地から聖書やコーランの「神」の存在の問題を批判的に論じています。神学者からは議論に偏りがあると批判されていますが、問題点が分かりやすく示されているので、キリスト教や宗教に関心のある方には必読の書でしょう。

ちなみに、この種の宗教批判としては、哲学者のバートランド・ラッセルの議論が重要です。哲学に終焉をもたらしたなどとも評される天才ルートヴィヒ・ウィトゲンシュタインを見出した人です。このウィトゲンシュタインがひどく宗教的な人であったというのも、けっこう面白い事実です。

Q89 アメリカの宗教右翼はなぜ進化論を信じないのか?

A89 潜在的に、弱者を切り捨てる俗流「社会進化論」への反発があると思われます。

まず、反進化論のロジックを見てみましょう。

聖書の名によって生物進化論はウソだと頑張っているのがファンダメンタリストですが、さすがに彼らの主張は公共社会を納得させることができないので、彼らはしばしば「神」を

「知的設計者《インテリジェント・デザイナー》」と言い換えて、「生物学をいっそう完全なものにするために、知的設計者の存在を認めなければならない」と主張するようになりました。

そして、「学校は通常の生物進化論のみならず、知的設計者を仮定するオルタナティヴの生物学を教えるべきだ」と、戦略的に主張するのです。

しかし、アメリカ科学振興協会は、ID（インテリジェントデザイン）説は概念に構造的欠陥があり、証拠も不十分で、事実の取り上げ方も不正確であり、要するにシューキョーだ、としています。教育をめぐる裁判でもID説推進派が負けています。

宗教界の主流派もこれを認めていません。IDは宗教的にもピンボケだというのが、主流の神学者たちの判断です。カトリックは中絶問題などをめぐって保守的とされますが、進化論に関してはまったくOKです。

進化論を退け、ID説を標榜しているのは、アメリカの一部のプロテスタント教会に留まります。

反進化論の手口

科学は常に仮説を立てることで成立しています。あれこれの最も論理的に整合性のとれた説をとりあえずの真理として受け入れ、そうした部品からなる総合的な大建築として全体的に出来上がっているのが科学です。

ミクロに見ていけば未だ説明のついていない事象というのは無数にあります。しかしそれは科学説の信頼を脅かすものではなく、ただ単に次なる仮説への挑戦を呼び起こすだけです。新たな仮説によって古い真理の一部が修正されていくのは自然の流れです。

たとえて言えば、科学は網のようなものである。網のあちこちに綻びの穴が開いていますが、網全体がそれで無効になるわけではありません。

しかるに、ファンダメンタリストは、一つ二つと穴を拾い上げ、「ここも説明ついていない」「あそこも説明ついていない」とやるわけです。そして彼らは、説明のついていない「穴」には神秘的な飛躍があると言い、その神秘を埋め合わせるものとして超越的なデザイナー、つまり神を持ち出すのです。

この、科学の通常のプロセスに織り込み済みの「穴」を科学の欠陥であるかのように言い立て、人々を不安な気持ちにさせるというのがファンダメンタリストの第一の手口です。

そして、この穴を埋め合わせる魔法の答え――デザイナーとしての「神」――を持ち出して、それですべて説明がついてしまうと人々に思い込ませるというのが、彼らのもう一つの手口です。

しかし、彼らの持ち出す「神」は、そこに「穴」があるということの言い換えにすぎないのですから、実は説明の役を果たしていません（ドーキンスは「神」という飛躍した答えモドキではなく、段階を追った合理的推理の総体として、進化論があると言っています）。

ファンダメンタリストの手口の三つ目は、「フィフティ・フィフティ」の印象操作です。通常の科学説も一つの仮説、反進化論者の主張も一つの仮説というふうに並べてしまえば、どちらの妥当性もフィフティ・フィフティだという印象が生まれるでしょう。確率が半々であれば、信者は反進化論を堂々と選べるわけです。

半々の確率という印象操作は、イデオロギーの推進者が一般的によくやる手口です。（冷戦時代の）アメリカが正しいのかソ連が正しいのか、西洋が正しいのかイスラムが正しいのか、宗教が正しいのか世俗主義が正しいのか、言葉の上ではフィフティ・フィフティですが、世界の実態はそのように二分されるものではないでしょう。

昨晩あなたが空に見た光は宇宙人のスペースシップであるのか、そうでないのか、言葉の上では「ある」と「ない」が対等に並びますが、だからといってその確率がフィフティ・フィフティでないことは明らかでしょう。反科学の懐疑的批判者の皆神龍太郎が指摘するように、昨晩あなたが見たＵＦＯはタヌキが化けたぶんぶく茶釜であるかもしれないからです（『ＵＦＯ学入門』）。

なぜ反知性主義者が続出するのか?

ファンダメンタリストの主張は基本的に知的なトリックにすぎないのですが、それにすがりたくなる気持ちを生じさせるものは、子供のときから教え込まれてきた神の罰に対する漠たる不安と、科学を含めた社会の「権威」全般に対する漠たる不信感であると思われます。

庶民のほとんどは科学の成果を受け入れていますが、科学の原理は分かっていません。常日頃、科学者、エリート、セレブ、政治家、啓蒙主義者……に不信感を抱いている人の一部は、科学説に穴があるというのを突破口に、すべてのメジャーな意見というものをひとくくりに「あてにならない」というカテゴリーに入れてしまうのです。

そして、敵の敵は味方、みたいなもので、近来の科学説があてにならないのであれば、老舗の伝統である聖書によりすがろうということになります。アメリカには、教会の人々の献身的な奉仕の姿に感銘を抱き、宗教活動にシンパシーを抱いている人が大勢います。教会は貧者へのチャリティとか、一面においてはたいへん良いことを色々やっていますからね。

こうした不幸な二分法に燃料を供給し続けているのが、勝ち組と負け組を鮮明に分けるアメリカの競争主義です。これが格差を生み、怨念を広め、社会を二分していきます。競争主義はしばしば適者生存の淘汰理論を持ち出します。これは俗流の社会進化論です。生物進化論とは異なるものですが、一般庶民にはどっちも同じに見えますね。

進化論はますます憎い敵ということになります。

日本などでも、新商品の開発を「進化」と宣伝し、社会の変化を「淘汰」と呼ばわる俗流進化論が盛んですが、科学的概念の勝手な応用は潜在的に危ない要因を抱えていることを認識しておきましょう。

Q90 「ビートルズ」や「ハリポタ」はなぜ燃やされたのか?

A90 ジョン・レノンは「ビートルズはイエスよりも有名だ」と言いました。「ハリー・ポッター」は魔法という邪教を子供たちに焚きつけているように見えました。それでアメリカの保守派はアルバムや本を焼いたのです。

ビートルズが大ヒット驀進中であった一九六六年、ジョン・レノンは「僕らはイエスよりも有名だ」と豪語しました。これはイギリスなどでは問題にもされませんでしたが、アメリカの保守的クリスチャンを怒らせ、バチカンの批判も招きました。アメリカのラジオ局はビートルズの曲を流すのを拒否し、保守的な州ではアルバムが燃やされました。

キリストをロックスターのように扱った舞台『ジーザス・クライスト・スーパースター』

（一九七一年ブロードウェー初演）をめぐっても、何度か騒ぎが起きています。キリストとマグダラのマリアを結婚させたマーティン・スコセッシ監督の『最後の誘惑』（一九八八年）のときも、上映反対運動が起きました。

現代の日本でブッダをめぐってどんな発言があったとしても、同様の騒ぎにはならないでしょう。現代の日本仏教界はたいへんおとなしいですから（皇室関連・ナショナリズム関連だと騒ぎになるかもしれませんけれども。二〇一四年に桑田佳祐が自らの受章した紫綬褒章をジョークのネタにしたとき、ちょっとした騒動が持ち上がりましたね）。

面白いのは、世界中の子供たちに大ブームを巻き起こしたイギリスの児童文学「ハリー・ポッター」（一九九七～二〇〇七年）をめぐっても、アメリカその他の国々で保守的クリスチャンの間に反発が広がり、焚書騒ぎや学校図書館からの排除運動が起きたことです。

いったいどういう理由で「ハリポタ」が問題になったのでしょうか？

「ハリポタ」は子供向けの楽しい魔法ファンタジーの裏に、子供をたぶらかす異教の伝道という毒が仕掛けられていると思われたのです。

この作品が大ヒットした頃、しばしば引き合いに出されたのは、ウィッカという宗教です。これは、キリスト教に弾圧された中世の魔女の伝統を現代に復活させたという、現実の新宗教運動です。「ハリポタ」の作者の意図にはこのウィッカ信仰的なものがあると、保守派のクリスチャンは考えました。

二〇〇一年にイスラム過激派による同時多発テロが起きると、キリスト教ナショナリズムが高まりました。当時ヒット中の「ハリポタ」をターゲットにして自らの存在感を示すことは、保守教会にとって恰好のキャンペーンになったとも言われます。だから保守が定着した二〇〇四年以降はむしろ焚書・禁書騒動は終息に向かいます。

冷静になって考えれば、「ハリポタ」世界の魔法は人間の能力や技術のメタファーのようなものであり、物語の焦点はむしろ魔法界がさまざまな差別にむしばまれていることの描写のほうにあることが分かります。

魔法界には魔法能力をめぐる一種の人種信仰があり、これがナチスばりの差別を生み、ヴォルデモートという巨悪の出現をもたらしている。そういう設定です。ハリーたちはこの差別構造と闘う。差別との闘いというプロットはむしろ伝統的なキリスト教型ファンタジーの枠内におさまっています。

シリーズが完結した二〇〇七年のインタビューで、作者J・K・ローリングは、この作品の主要テーマがキリスト教的なものであることを明かしています。第七巻にハリーの両親の墓碑銘が出てきますが、これは新約聖書からの引用であり、作者はこの聖書の言葉が物語の要諦となっているのであると言います。

インタビューによれば、作中でほとんどキリスト教への言及がないのは、宗教の絵解きのようなものにしたくなかったからなのであると。

自分は宗教を教え込みはしない。宗教的な問題に取り組むことは読者自身に任せたい。自分は人に教条を押し付けるファンダメンタリズムには反対である、と、ローリングは言っています。リベラルな姿勢ですね。

確かに「ハリポタ」の論理は、キリスト教的に読めるところがたくさんあります。たとえば、命に固執するヴォルデモート（Vol de Mort：フランス語で「死の飛翔」）が滅び、命に固執しないハリー（the Boy Who Lived：「生き残った男の子」）が救われるという魔法的論理は、福音書にある「自分の命を救いたいと思う者は、それを失うが、わたしのため、また福音のために命を失う者は、それを救うのである」（『マルコ』八章）を暗示するものだと言えるでしょう。

ジョン・レノンの「愛」の伝道がキリスト教的であるように、「ハリポタ」のロジックにキリスト教神学とパラレルなものが見出される、というところに、キリスト教の生命力が窺われます。

（ちなみにハリーの丸眼鏡はジョン・レノン眼鏡ですね。「ハリポタ」にはビートルズの暗喩も随所に見出せます）

Q91 聖書が西洋人の道徳の基本となっているのは本当か?

A91 歴史的に聖書と西洋人の道徳観との間に関係があることは確かでしょう。しかし、聖書がなければ道徳が崩れるという主張に対しては、哲学的な批判があります。

社会に秩序を与えているのは人々の道徳観念であり、その道徳の大本にあるのは宗教だという考えがあります。

それはまあ、歴史学的、人類学的に見て正しい見解だろうと思います。

西洋人の物の考え方はキリスト教の影響を大きく受けており、聖書がその典拠として大きな役割を果たしてきたことは事実です。逆に、日本人の倫理観や生活感覚は仏教や儒教の影響を大きく受けています。

しかし、これはマクロに見たときの視点であり、ミクロに、聖書なら聖書の一つ一つの文言が本当に人々の道徳の源泉となっているのかというと、それはだいぶ怪しいと言うべきでしょう。

たとえばモーセの十戒《じっかい》に「殺すな」とあるから、西洋人は殺人をしないのでしょうか?

宗教家は「そうだ」と言いたげですが、それはおそらく違います。そもそも、どんな文化でも、殺害禁止は常識的・直観的に受け入れられています。聖書とは関係がありません。

実際問題として殺害禁止がなければ共同体は成り立たなくなりますし、より根源的に考えてみても、自己は他者との応答関係の中にある存在である以上、その応答を断ち切ってしまう殺害は、深いところで自己への脅かしになります。だから殺害禁止が社会の倫理となるのはむしろ自然の流れです。

聖書について言えば、むしろ聖書こそが無用な殺害の源泉となっているという指摘がありま す。そもそもモーセの十戒が想定している殺害禁止は、ユダヤ人の仲間内に対するものであり、異教徒に関してはその限りではありません。それどころか、聖書は異教徒の殺害を正当化し、鼓舞さえしています。

だから、聖書に文字通りに従ってしまえば、かえって人々は殺人や戦争に発奮し始めることになります。それはコーランの場合も同様です。

実のところ、今日の宗教家は、リベラルな人も、保守派も、聖書通りには行動していません。たとえば、旧約聖書の命令では、両親を呪った者は死刑です。安息日を守らなかった者も死刑です。しかし、今、それを実行する人はいません。あくまで聖書は「たとえばなし」程度のものとして読まれているのです。

ということは、事実上、聖書は道徳の教科書として機能していないということになります。

聖書の信者は、自分の心の中の道徳規範に照らして、聖書の本文を読んでいます。聖書に書いてあることを文字通り全部真に受けているのではなく、自分の倫理的直観に従って取捨選択して読んでいるのです。

むしろ聖書やコーランなどの教典の機能は、信者の道徳的主張に対する「権威付け」にあると言えるかもしれません。

哲学者によっては、むしろ聖書などの教典は、道徳にとっては有害だと見ています。というのは、人々は自分の偏見に合っているときは、教典を引っ張ってきて権威付けをし、自分の偏見に合っていないときには教典の文句をあっさり無視する傾向があるからです。

少なくとも「宗教／教典があるからこそ道徳が成り立つ」という主張は、命題的には「偽」だということになります。

Q92　スコセッシ『沈黙／サイレンス』は信仰論？　文化論？

A92

遠藤周作の原作は、信仰とは何かを問う作品でも、キリスト教を変容させる「泥沼」としての日本文化論でもあります。映画作品は信仰論の側面が強いようです。

カトリック作家、遠藤周作の『沈黙』(一九六六年)は、江戸時代初期のキリシタン弾圧時代を舞台とする小説です。

キリシタンというのは戦国時代に九州から近畿にかけて大勢いた日本人カトリック教徒のことです。イエズス会のザビエルが鹿児島に上陸したのは一五四九年、大友宗麟などキリシタン大名が欧州に天正遣欧使節を派遣したのは一五八二年、豊臣秀吉がバテレン(司祭)追放令を出したのは一五八七年、「二十六聖人」が殉教したのが一五九七年、そして『沈黙』に出てくるクリストヴァン・フェレイラ神父が棄教したのが一六三三年です。

『沈黙』の主人公、やはり棄教することになるセバスチャン・ロドリゴは、このフェレイラ神父の弟子とされる架空の人物ですが、これにもジュゼッペ・キアラという実在のモデルがいます。

非常に豊かな内容の小説なので要約するのは気がひけるのですが、簡単に言えば、弾圧に負けて棄教したと噂される師のフェレイラ神父を追って仲間とともに日本に潜入したロドリゴ神父が、結局やっぱり棄教してしまう、という物語です。

弾圧するのは長崎奉行の井上筑後守です。かつて信者であった筑後守はかなり知的な人間であり、拷問のやり方も絶妙な心理戦となっています。

物語の一番の山場は、ロドリゴが踏み絵を踏むシーンです。ロドリゴは肉体的拷問に負けたのではなく、司祭が棄教しない限り信者たちは救済されない、という筑後守が仕掛けた非情なゲームに敗退したのでした。いわばロドリゴは人質解放の条件として棄教を呑んだわけです。神父のこの「棄教」により、信者たちは救われました。

筑後守が巧みなのは、これがキリスト教という宗教の本質的ジレンマを衝いたやり方だからでしょう。というのは、キリスト教は、一方では神を信仰の根幹に据え、その真理は否定できない（棄教できない）ものとしていますが、他方では隣人愛を大事な教えとし、信者であれ、誰であれ、人の命を見殺しにするわけにはいかないからです。

筑後守のような奉行や幕府の弾圧のやり方は残酷であるように見えます。ただし気をつけなければならないのは、キリスト教徒であれば平和的であり、残虐性はなかったのかと言えば、そんなことはないということです。時は一七世紀です。ヨーロッパではカトリックとプロテスタントの宗教戦争が相次ぎ、悲惨な状況になっていました。

宗教は「真理」を説きますが、その具体的な形のところで喧嘩になります。その喧嘩をやめるには、布教そのものをあきらめるしかありません。

筑後守の仕掛けたゲームは、内心における「真理」の断念ではなく、「布教」の断念を通じて、キリスト教を実質的に無力化するというものでした。筑後守は、棄教したロドリゴに会ったとき、「パードレ〔神父〕は決して余に負けたのではない。この日本と申す泥沼に敗れたのだ」と語っています。

これは自分の責任を回避した言い方ではなく、原理的、神学的な言い方です。「泥沼」とは、宗教の輪郭を見えなくするものの謂《いい》でしょう。

日本ばかりが泥沼なのではありません。「真理」というユニヴァーサルなものが、地域文化というローカルなものに埋もれていくとき、それが泥沼ということになります。

普遍的テーマと日本人論

神の「沈黙」というテーマ自体は戦後の一時期に流行していたものです。「沈黙」的テーマとしてはイングマール・ベルイマンの映画などが有名です。

また、昭和時代の日本人はなんだかやたらと日本人論をやっていました。ルース・ベネディクトの『菊と刀』にある《西洋文化は罪の文化、日本文化は恥の文化》というキャッチコピーのような文化論が日本の知識人にもてあそばれていた時代です。

『沈黙』の筑後守の「泥沼」発言は、日本文化を特殊なものと見たい昭和期の日本文化論者や、信徒数がなかなか伸びないことに悩んでいるキリスト教関係者には、たぶんウケたのだと思います。

現代の私たちは、そういう文化論を超えて、もっと普遍的な視点から『沈黙』を読み直す必要がありそうです。そもそも普遍的真理と特殊的文化形態との間に、あるいは真理の主張と人の命との間にジレンマがあるというのは、日本と関係のない問題です。

ただし、日本の宗教的伝統が、自立した個人という発想をとらず、個人を取り巻く「縁起」(相互関係)や身分秩序やムラの共同体を強調したことは確かです。そこを強調すると、日本文化泥沼論になるのかもしれません。

マーティン・スコセッシ監督は遠藤周作の『沈黙』をいっそう普遍的な視点で読んでいることが窺われます。キリストがマグダラのマリアと結婚してしまうという冒瀆的な『最後の誘惑』をつくった監督だけあって、問題をかなり論理的に捉えています。

Q93 現代の欧米では異教が復活している?

A93 かつてのヒッピー世代は禅やヨーガに傾倒しました。その流れを汲んで、ニューエイジと呼ばれる非キリスト教系の宗教思想が一般社会に影響を与えるようになっています。

一九六〇年代、アメリカはベトナム戦争と黒人差別の問題で揺れていました。

ベトナム戦争は冷戦時代のホットな戦争として、共産圏の北ベトナムと自由圏の南ベトナムが戦ったものですが、南を後押ししたアメリカにとっても、これは大義のはっきりしない戦争でした。

また、当時のアメリカは州によって黒人差別が制度化されており、これも問題になっていました。黒人解放運動を公民権運動と言います。

戦後のベビーブーム世代（日本でいう団塊の世代）はこの時期青年期を迎え、反戦・反差別の運動を起こしました。彼らの一部は文化的な領域においても革新運動を繰り広げ、アメリカないし西洋の主流文化への「対抗文化（カウンターカルチャー）」を生み出しました。

そうした主流文化にはキリスト教もまた入ります。

対抗文化は、宗教的には禅、ヨーガ、密教、陰陽思想などの「東洋思想」、アメリカ先住民文化、ヨーロッパの異教文化などを取り込み、ドラッグによる超越体験を目指したりしました。占星術、UFO信仰、輪廻信仰、チャネリング（霊界との交信）、自己啓発などの要素も含まれています。

それはまた、ロックやフォークなどの若者音楽、ドラッグ体験に由来するというサイケデリック美術、ビートルズ・カットに由来する男性の長髪等々の文化とも連動しました。

こうした文化は、占星術の概念によって「水瓶座の時代」とも呼ばれ、「ニューエイジ」という呼び方も生まれました。

対抗文化はヒッピーと呼ばれる一部の若者たちの文化でしたが、彼らが大人になるにつれ、一般社会にも陰に陽に影響を与えるようになりました。

それはエコロジー運動、反原発運動、フェミニズム、LGBT問題や移民問題などを含むさまざまな人権活動とも連動していますが、一部はカルト化し、オウム真理教地下鉄サリン事件（一九九五年）のような馬鹿げた事件も起きました。

ニューエイジに相当する日本の概念は「精神世界」といったあたりでしょうか。

宗教のうちの個人の内面にかかわる部分を英語でスピリチュアルと言いますが、キリスト教などの組織宗教を嫌う人々が「私はレリジャス（宗教的）ではないがスピリチュアル（霊的）だ」と言うことが多くなりました。

この「スピリチュアリティ」もまた、なんとなくニューエイジ・精神世界とダブって用いられている概念です。

Q90で取り上げたビートルズは対抗文化の流れに属しますし、「ハリー・ポッター」騒動の際に注目を浴びた異教運動ウィッカも、ニューエイジの一環です。

また、ティム・ライス作詞の『ジーザス・クライスト・スーパースター』（↓Q96）やマーティン・スコセッシ監督の『最後の誘惑』（↓Q48）なども、その非常に「異端」的・「冒瀆」的な描き方に対抗文化のスピリットが生きています。

対抗文化やニューエイジは二〇世紀中葉に唐突に生まれたものではありません。すでに一九世紀から、欧米の知識人たちの間に東洋思想の影響が見られました。ラルフ・ワルド・エマーソン、ヘルマン・ヘッセ、戦後のビート作家ジャック・ケルアックなどの著作に影響が見て取れます。

ニューエイジはキリスト教的?

対抗文化ないしニューエイジは、その担い手の意識においては、キリスト教を乗り越えるものです。悟りのような覚醒といい、ヨーガのような身体技法といい、輪廻といい、占星術といい、教理的には、キリスト教とは基本的に異質であることは確かです。

それでも、文化史的に見る限り、こうした新興の宗教運動もまた、キリスト教的な思考の大きな影響を受けていると言うべきでしょう。というのは、対抗文化の価値観というのは、結局のところ、個人の解放であり、愛であるからです。それは伝統的にキリスト教が売り物にしているものでした。

Q94 欧米の臨死体験者はキリストに出遭う?

A94 臨死体験には文化的な差異があると言われます。日本人よりもアメリカなどのクリスチャンの臨死体験は派手なものが多く、キリストのビジョンを見る人もいるようです。

臨死体験というのは、事故や病気で死にかかった状態から奇跡的に生還した人がしばしば報告する、死との境界における主観的体験のことです。医学の進歩により奇跡の生還のケースが増えたということもあって、欧米を中心にたくさんの体験談が記録されるようになりました。

日本でよく知られるようになったのは、ジャーナリストの立花隆が九〇年代初めのＮＨＫの特集番組で取り上げたからです。

臨死体験の内容は、体外離脱する、暗いトンネルを抜ける、光の世界に向かう、至福を味わうなどです。個人差も大きいのですが、かなりの共通性が見られます。面白いのは、嫌な体験が圧倒的に少なく、「死ぬというのがこんなものならば、死はもう怖くない」と感じる人が非常に多いということです。

なお、臨死体験は死にかかった脳の生理的反応ではないかと考えられています。体外離脱はいかにも不思議に思われますが、とくに臨死状態ではなくても同様の体験をする人はけっこういるんだそうです。これは脳の知覚システムによるトリックであるらしい。

ただし、「臨死体験者は本当に死後の世界を見たのだ」と主張する論者もいます。

宗教学的に見て興味深いのは、死後の世界があるとかないとかいう話よりも、臨死体験には文化による差があるということですね。

欧米人は強い光の体験をすることが多く、そこにキリストの臨在を感じたりします。さらに愛の感情にあふれたりする。こういうのはどうも聖書的伝統の刷り込みによると考えたほうがよさそうです。立花隆の調べた限りでは、日本人には三途《さんず》の川のようなところを横切って、死んだ身内に会うといったパターンが多い。面白いのはインド人で、彼らはヤムラージ（閻魔《えんま》）の審判の場面を見る。

欧米では、しばしば研究者自身が死後の世界の実在に強い期待を寄せています。病気で死んでいく人の心理的プロセスの研究で有名なエリザベス・キュブラー＝ロスも、実は「死後の世界」の信者です。

これはやはりキリスト教の文化的影響かもしれません。立花隆の報告を読んだ限りでは、臨死体験に対して日本人は概して淡白です。臨死体験自体、地味なものが多く、一種の幻覚だろうと割り切る人が多い。統計的にどうなのか今ひとつはっきりしないのですが。

ともかく、日本では臨死体験ブームはあっという間に去ってしまいました。九五年のオウム真理教地下鉄サリン事件による宗教嫌悪感情も大きいかと思われます。

ちなみに、キリスト教神学としては、臨死体験者の多くが至福を味わっているところが気に食わないようです。天国ばかりで地獄がないのは、キリスト教的に見る限り、「死後の世界」とは言えないのです。

地獄がない、というのは、実は、先進国のリベラル化した人々に共通する死後の世界のイメージです。日本の仏教徒も極楽ばかり信じて地獄行きの心配はしませんし、ニューエイジ風の輪廻観にも地獄のイメージが抜け落ちています。欧米のクリスチャンも同様で、天国は信じるが地獄は信じない人が増えていると言われます。

Q95 なぜキリスト教とイスラム教は「衝突」するのか?

A95 実際にある対立はもっと複雑です。文明の在り方をめぐる、いっそう普遍的な対立があり、そこに西洋やイスラム世界の諸派の理念が絡んでくるのです。

『文明の衝突』というのは政治学者のサミュエル・ハンティントンが一九九六年に著した本のタイトルです。彼は政治学的な発想で、冷戦時代の東西イデオロギーの対立や国民国家どうしの対立ではなく、複数の「文明」どうしの秩序や対立を見ていくべしと考えました。

彼の持ち出した文明の単位がいかにもあやふやなものであることもあって、色々と批判されたのですが、二〇〇一年に同時多発テロが起きたときは、マスコミは「西欧文明とイスラム文明の衝突だ！」と騒いだものです。

ハンティントンの議論の是非はともかく、確かに西欧社会とイスラム社会とはギクシャクし続けています。テロばかりではありません。イスラム圏は政治においても経済においてもポップ文化においても、西欧のモデルになびかないことで有名です。

たとえば西欧では政教分離が根付いていますが、イスラムにとっては社会の全体が神の法に基づいて運営されなければならないので、宗教と政治をスパッと分けるわけにいきません。

だから、西欧とイスラムの間には「文明の衝突」とまでは言わなくても「世界観のすれ違い」は厳として存在していると言えます。

「世界観のすれ違い」は、遠藤周作の『沈黙』の中にも潜在していました。日本文化はキリスト教にとっての「泥沼」であると。

西欧文化をすっかり受け入れている日本人でさえ、「文明の衝突」の因子のようなものを抱えているのだとすれば、まして絶対神の権威を仰ぐイスラム教徒が、西欧文明に対して違和感を抱き続けているのも、当然のことかもしれません。

なんせ、イスラム法にせよ、何にせよ、イスラム世界はすべてをかっちりと体系化しているという点で、キリスト教文明に匹敵するものをもっているのですから。

ただし、ここで注意しなければならないのは、イスラムと直接対峙しているのはキリスト教というよりも、西欧の世俗社会だということです。宗教どうしの対立ではなく、世俗社会（欧米）と宗教社会（イスラム）とが対峙している。

しかし欧米の世俗社会はキリスト教の主流派の支持を得ていますから、潜在的には、キリスト教とイスラム教との間の思考パターンにズレがあることは否定できないと思います。

カタチを守る文化、カタチを壊す文化

歴史を振り返ってみましょう。

キリスト教世界は、古代からユダヤ教と対立してきました。

対立のポイントは、キリストを認めるか認めないかですが、それだけに留まりません。

ユダヤ教では、神様の教えの要点を、民族が伝える神の戒律（律法）を守ることに集約しました。他方、キリスト教では、神様の教えの要点を、キリストへの信仰に集約しました。

ユダヤ教は文化のカタチを守ろうとする宗教です。神の戒律を守ることでユダヤ人としての生活スタイルが保持されます。その中に神の意思が現れてくる。イスラム教はユダヤ教に似ており、日に五度の礼拝であれ、慎み深い服装であれ、ひと月続く断食《だんじき》であれ、カタチを守ることで神の意思に従おうとします。

キリスト教にも、古代・中世以来蓄積された伝統のカタチというのがあったのですが、近代化とともにどんどん崩れていきました。文化のカタチに関して融通無碍《ゆうずうむげ》になっていき、その自由の中に神を求めるようなスタイルになっていったのです。つまり、個人の良心、人権、自由の尊重といったような、無形の理想の護持《ごじ》に信仰の焦点を移していきました。

そういう意味で、キリスト教は実質的にヒューマニズムのようなものと区別し難くなっていったわけです。リベラルな人ほどそうです（そしてこれに反対しているのがファンダメンタリストということになります）。

文化のカタチを守るべきか、融通無碍であるべきか？

イスラムはカタチを守ることにかけて最も保守的です。礼拝の仕方、服装規定などにそれが表れています。カタチを大々的に構築したのがイスラム法であり、これを国内法として適用しようとするのがイスラム主義です。

逆に、融通無碍派の雄は、アメリカの自由競争のイデオロギーでしょう。なんでも自由に競争すれば、すべてはうまく行く。そのイノベーションの力が地球を制してきたのですが、二一世紀に入ってその負の側面がにわかに深刻化してきました。

だからこそ、ここには「原理」的な対立があるわけです。イスラム教徒に言わせれば、彼らが伝統のカタチにこだわるのは、単に自分たちの慣れ親しんだものへの執着なのではありません。カタチを守ること自体に、普遍的な大義があるのです。

もちろんイスラム教徒も色々であり、カタチも実質的に変化していくものと思われますが、それでも、イスラムの穏健派とリベラルなクリスチャンが意気投合するだけでは、なかなかおさまらない緊張関係が、まだまだ数世紀は続くのではないでしょうか。

西欧文化のカタチとイスラム文化のカタチが衝突しているのであれば、対立は鏡像のように対称形となりますが、しかし、カタチを壊していくところに神の栄光を見る文明と、カタチの中に神の意思があると見る文明が対立しているのですから、対立は非対称です。

これは、パレスチナ問題、革命後のイランの問題、スンナ派とシーア派の対立の問題、アルカイダやISなどのテロの問題、移民問題、ヨーロッパ国内のテロリスト増殖の問題、欧米の右翼ナショナリストの問題、トランプ問題、EU離脱問題などとは別次元のところに常に潜在している問題であることをご理解いただければと思います。

そういうのが、社会政策レベルとは少し異なる、神学レベルの宗教の問題ということになるでしょう。

コラム6　映画で知るキリスト教

Q96 『ジーザス・クライスト・スーパースター』のテーマは何か？

ティム・ライス作詞、アンドリュー・ロイド＝ウェバー作曲の『ジーザス・クライスト・スーパースター』は二度ほど映画化されており、舞台の録画も含めて三本のDVDでお楽しみいただける超ヒット作ですが、もともとはLP二枚セットのロックアルバムです。イエスがエルサレムに乗り込んで十字架上に死ぬまでをロックで歌い上げたもので、すぐにブロードウェーミュージカルになりました（一九七一年）。

ここに描かれるイエスは「スーパースター」と言われるだけあって、完全にロックミュージシャンのイメージです。『聖《セイント》☆おにいさん』のイエスのイメージの原形ですね。

彼は神の子として振る舞っていますが、それ以上に人間臭い存在で、調子っぱずれの弟子たちのことでムカついたり、群がってくる無数の病人たちに「自分で癒せ！」と思わず叫んでしまったりします。マグダラのマリアにはイエス自身が精神的に癒されてもいます。

キリスト以上に重要な存在がユダです。ここではユダは弟子たちの中で一番頭がよく、責任感のある人物です。彼はイエスの運動がやがて破綻して厄難をもたらすことを予見し、破局を未然に防ぐために師の居場所を当局に告げました。これは彼が優秀な人間だからこそできたことです。しかし同時にこれは、人間の知恵の限界を示すものともなっています。ユダは苦難の「スーパースター」の道を突き進むイエスのことが理解できないのです。

最後の曲で、自殺して死んだはずのユダが再登場し、「ジーザス、あなたは何者か？　悪く思わないでくれ、ただ知りたいだけだ」という趣旨のことを歌います（そのバックコーラスとして天使の唱歌隊が「ジーザス・クラ〜イスト、スゥーッパスター……」と歌います）。

つまり、ユダは、神様について行けない我々人間の代表なのです。神とは、キリストとは何であるのかと問うているのですから。

そういう意味では――かなり冒瀆的な描き方であるにもかかわらず――けっこう敬虔な内容の作品なんですね。今では『岩波キリスト教辞典』の見出し語にもなっています。

おわりに

「はじめに」にも書いたように、本書は主に、キリスト教のことも聖書のこともよく知らない方を対象とした本ですが、けっこう深いところまで探りを入れるように努めました。本書で留意したのは、諸宗教との比較の視点を導入することです。そのほうが、キリスト教というものをマクロに、かつ相対化して捉えることができるからです。

というわけで、最後に三つのクエスチョンを立てて、本書で開陳したことを総括したいと思います。Q97は……

Q97 日本人だからこそ見えてくるキリスト教の真実とは何か?

日本人の大多数はクリスチャンではないので、欧米の映画を見ても、小説を読んでも、国際ニュースを聞いても、宗教がらみのところは今ひとつピンとこないという歯がゆさがいつもあるのではないでしょうか。

キリスト教をめぐる「分からなさ」は、キリスト教の教理、習慣、聖書に基づく行事、故事、固有名詞などが分からないという知識レベルのものと、人間と峻別される唯一絶対の神の存在にこだわるとか、神が定めた絶対の倫理があるとか、死後の審判を恐れるとかという思考法・発想法レベルのものとがあります。

知識レベルについては、まあ、ガイドブックやウィキペディアで調べればよろしい。しかし思考法や世界観となると、日本人のほとんどは多神教徒であり、死後の生だの裁きだののことよりも人生は（仏教流に）無常であるということのほうにリアリティを感じておりますから、これはどうにもなりません。

信者になろうというのでない限り、どうにもならないものはどうにもならない。一昔前、日本人が欧米文化に大きなコンプレックスを抱いていた頃、「神」や「罪」が理解できないというのを、日本的思考の欠陥のように言う知識人がいたものですが、しかし、じゃあ、欧米人に「無常」は理解できるのか、「無為自然」や「もののあはれ」は理解できるのかと言えば、そりゃあ理解し難いでしょうから、アイコと言えばアイコです。

むしろ、非信者の日本人にできることは、欧米の一般の人々が――深い信仰をもっていない場合にも――「神」「罪」「天国」といった概念を当たり前の前提として受け入れていることに疑問を呈することではないでしょうか？

コミットしたクリスチャンが「神」を信じるのはいいのです。それは個人の信仰だからです。問題は、コミットがない人たちも、宗教と言えば「神（唯一神）」への信仰だと当たり前のように考えているところです。

近年、欧米人にもキリスト教が受け入れ難くなって「無神論」に転じる人が増えてきました。しかしその場合も、「天地創造の神はあるのか、ないのか、それが問題だ（ザット・イズ・ザ・クエスチョン）」といった感じで、やはり「唯一神」の概念にこだわり、その否定に躍起になっています。その「無神論」の見地から、地上のあらゆる宗教文化の全否定に向かうのです。

そのような前提そのものが文化のバイアスだということを、天然自然に感じ取ることができるのは、日本人の——非クリスチャンであれば中国人でもイヌイットでも同じことですが——特権でしょう。

『ナショナル ジオグラフィック』は色々と面白い科学啓蒙記事を載せている雑誌ですが、そのDVDシリーズの中に『イエス・キリスト——「7つの謎」を解き明かす』というのがあります。これを見ると、イエス・キリストが奇跡的人生を送った救世主であるということを、なんとはなしの前提としているような編集となっています。いや、科学的見地から留保をつけた視点は持ち合わせているのですが、イエスを神と信じる人々の神経を逆なでしないような配慮が施されている感じです。

こうしたタブーが欧米社会を覆っている。まあ、日本のＮＨＫの特集番組などでも、ブッダについて根本的に疑念をもって臨むというような編集の仕方はしていませんから、これもアイコですけれども。

というわけで、「日本人だからこそ見えてくるキリスト教の真実」とは、「キリスト教は事実上、相対的な文化である」ということになるだろうと思います。

「いや、神の教えは絶対です。相対ではありません」と信者は言うでしょうが、しかし、絶対だ絶対だと言いつつ、歴史的に教えの内容がどんどん変化してきたことも事実です。たとえば、初期のクリスチャンは今が今にも天地が終わると信じていた。今のクリスチャンは終末をもっと象徴的に捉えています。

戦国時代、カトリックのパードレたちが日本にキリスト教の宣教に来た頃、ヨーロッパ社会はすでに宗教改革を経験し、信仰内容は相対化され、無神論的な思考をもっている知識人もいました。クリスチャンである庶民だって神学者の言う通りに信じていたわけではありません。

宗教のもつそういうあやふやなところを、非信者はもっと強調すべきだと思います。

その点、仏教とも神道とも儒教ともつかないものをチャンポンにして信じ、その仏教の内容もインドのものとは大幅に異なるものであったという、そんな伝統をもっている日本人は、宗教の曖昧さについてのエキスパート（?）です。

日本人の宗教的曖昧さは文化的欠点ではありません。といって長所だと言うのもナンですけれども。

長所短所を超えた、文化的な一つの「所与」として生かしていくべきでしょう。

そこで、クエスチョンの98番目です。

Q98 それでも日本人がキリスト教を「学ぶ」意味はあるのか?

あります。日本文化には「一神教」的な思考法が欠けていることは事実なので、それを「学ぶ」――「信じる」のではなく――意味はあるはずです。

日本文化が歴史的に拠って立つ「多神教」はたくさんの神々を奉じるということだから排他性がないのだ、と論じる人もいますが、これは真実とは言えないでしょう。「多」は「一」を含むからといって、多神教世界が一神教の知恵や倫理を包含しているわけではありません。

「多」と「一」は「多＞一」という数量の大小の関係ではなく、「複合性」VS「単一性」というロジックの質の違いです。

日本人はキリスト教の思想的文化についてもっと知るべきである。その実用的理由として、次のような点が挙げられます。

欧米人とつきあっていて、彼らの自我の強固なること、自己主張の強いことに感服／辟易したという方は多いと思います。欧米人の自我の強さを神の信仰に還元することはできませんが、しかし、シロかクロか決着をつけんがために神学論争を繰り返してきたキリスト教の厚い伝統が背景に控えていることは間違いないでしょう。

彼らは中世の昔から「神の存在証明」などということに懸命に取り組んできました。西洋中世哲学者の八木雄二は仏教徒が「仏の存在証明」に関心をもったりはしなかったことを指摘しています（『中世哲学への招待』）。そうやって執拗に食らいついていくところから、近代哲学も近代科学も民主主義という仕掛けも生まれたのです。

三位一体は「いいかげん」という説もありますが（Q3参照）、それでもこれをめぐる論理化の試みは執拗になされてきました。

日本人には人生や問題を徹底的に論理化するという習慣がないから、科学についても人権についても民主主義の諸制度に関してもどうも今ひとつ身についていないところがあります。近年、日本人のノーベル賞受賞が続きましたが、これももはや頭打ちだろうと言われています。科学的思考はむしろ後退しつつあるとも。民主主義について言えば、「空気を読む」だの「忖度」だのという伝統（？）のおかげで、マスコミだのの独立性は次第に弱体化しています。

日本的相対主義は、最後のところで腰砕けになりがちです。それは社会と人生の問題について論理的に考えるという習慣が弱いということと関係がありそうである。欧米では、宗教のような、本質的に人間の習慣や情念にかかわる領域においてまで、ロジックにこだわってきた。それが宗教としていいことか悪いことかは分からないが、そうした異質性から学べる点はあるだろう――私としてはそんなことが言いたいわけです。

欧米人の原理主義的な論理主義をキリスト教神学から学ぶというのは迂遠《うえん》すぎるように思われるでしょうが、少なくともこのあたりの文化的なズレについて、そしてその「長所」と「短所」について、常に意識しておくべきだと思います。

さて、最後のクエスチョンは、ズバリ、

Q99 神は存在するのか？

です。

これについて信者ではない私が答えることはできないので――私は「仏教」的に物を考えており、神も人も「無常」の中の相対的な（「縁起」的な）存在だと思っています――、伝統的な「神の存在証明」の中から極めつけを一つ紹介することにします。

中世にアンセルムスという神学者がいました。彼は次のように考えました。

神とは「それ以上に完全なものは考えられないという、そんなもの」である。言い換えると、神とは「考え得る最高の完全者」である。

さて、そんな神が「人間の頭の中」にだけ存在していて、「人間の頭の外の現実世界の中」には存在していないということがあり得るだろうか？

いや、あり得ない。なぜならば、そんな神よりももっと完全なる者――すなわち、「人間の頭の中にも頭の外の現実世界にも」存在している者――が考えられてしまうからである。

……どうでしょう？　理解できましたか？　完全な者が現実世界に存在しないとなると完全な者ではなくなってしまうので、定義が矛盾してしまうというのです。

この存在証明は、デカルト、カント、バートランド・ラッセルなどから批判されまして、論理的には誤りとされています。定義は性質を述べるものであり、その実在性を述べるものではないからです。詳しいロジックは宗教哲学の本などでご確認ください。

私としては、こうした存在証明にそれほど意味があるとは思っていません。一神教の大多数の信者も、基本的にこういうテツガク的な議論には興味がないと思います。しかし、「神が有るというのも無いというのも、人間の心持ちの問題だ」というふうに割り切ってもいないと思います。仏教徒であれば、仏が有るのも無いのも心の問題だと割り切れるでしょうが。心の在り方となにがしか切り離されたところに「神」が実在する。そしてむしろその「神」のほうから人間の存在もその脳内世界も現れる。神が中心という、この一点にどこまでもこだわる思考が存在していることに留意すべきである。そう、私は思います。

というわけで、新書一冊分、Qアンド A型レクチャーを続けてまいりましたが、これにて終わりとさせていただきます。

最後になりますが、九九のクエスチョンという形で本書を企画され、編集された幻冬舎の三宅花奈氏に感謝の意を表します。

二〇一七年一一月　中村圭志

著者略歴

中村圭志《なかむらけいし》

一九五八年北海道小樽市生まれ。

宗教研究者、翻訳家、昭和女子大学非常勤講師。

北海道大学文学部卒業、
東京大学大学院人文科学研究科博士課程満期退学（宗教学・宗教史学）。

『信じない人のためのイエスと福音書ガイド』（みすず書房）、

『教養としての仏教入門　身近な17キーワードから学ぶ』（幻冬舎新書）、

『教養としての宗教入門　基礎から学べる信仰と文化』

『聖書、コーラン、仏典　原典から宗教の本質をさぐる』（ともに中公新書）など著書多数。

島薗進氏らとの共著に『はじめて学ぶ宗教』（有斐閣）がある。

幻冬舎新書 475

知ったかぶりキリスト教入門
イエス・聖書・教会の基本の教養99

二〇一七年十一月三十日　第一刷発行

著者　中村圭志
発行人　見城　徹
編集人　志儀保博

発行所　株式会社　幻冬舎
〒一五一─〇〇五一　東京都渋谷区千駄ヶ谷四─九─七
電話　〇三─五四一一─六二一一（編集）
〇三─五四一一─六二二二（営業）
振替　〇〇一二〇─八─七六七六四三

ブックデザイン　鈴木成一デザイン室
印刷・製本所　中央精版印刷株式会社

Printed in Japan　ISBN978-4-344-98476-9 C0295
な-23-2

幻冬舎ホームページアドレス http://www.gentosha.co.jp/
＊この本に関するご意見・ご感想をメールでお寄せいただく場合は、comment@gentosha.co.jp まで。

幻冬舎新書

中村圭志
教養としての仏教入門
身近な17キーワードから学ぶ

宗教を平易に説くことで定評のある著者が、日本人なら耳にしたことのあるキーワードを軸に仏教を分かりやすく解説。仏教の歴史、宗派の違い、一神教との比較など、基礎知識を網羅できる一冊。

出口治明
本物の教養
人生を面白くする

教養とは人生を面白くするツールであり、ビジネス社会を生き抜くための最強の武器である。読書・人との出会い・旅・語学・情報収集・思考法等々、ビジネス界きっての教養人が明かす知的生産の全方法。

丹羽宇一郎
死ぬほど読書

「どんなに忙しくても、本を読まない日はない」――伊藤忠商事前会長で、元中国大使が明かす究極の読書論。「いい本を見抜く方法」「頭に残る読書ノート活用術」等々、本の楽しさが二倍にも三倍にもなる方法を指南。

中条省平
マンガの教養
読んでおきたい常識・必修の名作100

かつて読むとバカになるとまで言われたマンガが、いまや教養となった。ギャグから青春、恋愛、歴史、怪奇、SFまで豊饒たるマンガの沃野への第一歩に最適な傑作100冊とその読み方ガイド。